Mitología Sumeria

Guía Detallada de la Historia Sumeria y del Imperio y los Mitos Mesopotámicos

Joshua Brown

Copyright 2022 - Todos los derechos reservados.

El contenido de este libro no puede ser reproducido, duplicado o transmitido sin la autorización directa por escrito del autor o del editor.

Bajo ninguna circunstancia se podrá culpar o responsabilizar legalmente al editor, o al autor, por cualquier daño, reparación o pérdida monetaria debida a la información contenida en este libro. Ya sea directa o indirectamente.

Aviso legal:

Este libro está protegido por derechos de autor. Este libro es sólo para uso personal. No se puede modificar, distribuir, vender, utilizar, citar o parafrasear ninguna parte, ni el contenido de este libro, sin el consentimiento del autor o del editor.

Aviso de exención de responsabilidad:

Tenga en cuenta que la información contenida en este documento es sólo para fines educativos y de entretenimiento. Se ha hecho todo lo posible por presentar una información precisa, actualizada, fiable y completa. No se declaran ni se implican garantías de ningún tipo. Los lectores reconocen que el autor no se dedica a prestar asesoramiento legal, financiero, médico o profesional. El contenido de este libro procede de diversas fuentes. Por favor, consulte a un profesional con licencia antes de intentar cualquier técnica descrita en este libro.

Al leer este documento, el lector acepta que, bajo ninguna circunstancia, el autor es responsable de cualquier pérdida, directa o indirecta, en la que se incurra como resultado del uso de la información contenida en este documento, incluyendo, pero no limitándose a, - errores, omisiones o inexactitudes.

Índice de contenidos

INTRODUCCIÓN 6

CAPÍTULO 1: LA HISTORIA DE SUMER 20

CAPÍTULO 2: SOCIEDAD Y RELIGIÓN SUMERIAS 40

CAPÍTULO 3: CUENTOS DE DIOSES Y DIOSAS 70

CAPÍTULO 4: LAS HAZAÑAS DE NINURTA 81

CAPÍTULO 5: CUENTOS DE REYES Y HÉROES........ 85

CAPÍTULO 6: CUENTOS DE INANNA 90

CAPÍTULO 7: CUENTOS DE NANNA 94

CAPÍTULO 8: LA EPOPEYA DE GILGAMESH 98

CAPÍTULO 9: CUENTOS MÁS LIGEROS DE DIOSES Y HÉROES SUMERIOS 105

CAPÍTULO 11: VEINTE HECHOS ESENCIALES SOBRE LA HISTORIA Y LA MITOLOGÍA SUMERIAS 116

LISTA DE DIOSES, DIOSAS Y HÉROES SUMERIOS 125

PREGUNTAS FRECUENTES 129

CONCLUSIÓN 153

Introducción

Se cree que el pueblo de Sumer adoraba entre cien y trescientos dioses y diosas. Debido al solapamiento del área geográfica, los dioses y diosas sumerios también existen en la mitología acadia y babilónica, aunque los nombres utilizados para estas divinidades son ocasionalmente diferentes. La mitología sumeria es poco conocida por la mayoría de los occidentales en la actualidad, lo que hace que las historias de los dioses y héroes de esta antigua región sean objeto de fascinación para los interesados en la mitología. Y hay mucha gente interesada en los mitos y leyendas de los pueblos antiguos. Dado que el Creciente Fértil era una zona de estrecho contacto con otras regiones, la mitología de esta región pudo ejercer una gran influencia en las mitologías de otras, como la de los fenicios y la de los griegos.

De hecho, se ha hablado mucho del supuesto origen extranjero de los dioses griegos. El ejemplo más frecuente de dios extranjero es el de Afrodita, que parece distinguirse de los demás dioses del Olimpo tanto por su origen como por su culto. La diosa Afrodita no estaba emparentada con los demás dioses del panteón griego y sus tierras de veneración se encontraban principalmente en la franja oriental del asentamiento griego, como Asia Central Menor y Chipre.

De hecho, hoy se cree que Afrodita llegó a los griegos a través del comercio con los fenicios en los primeros tiempos. En realidad era la diosa fenicia Astoret, que en realidad era la diosa sumeria Inanna (conocida en tiempos posteriores como Ishtar).

Aunque Inanna era sólo una de las muchas diosas del panteón sumerio, su importancia creció a lo largo de la compleja historia de Mesopotamia, es decir, la zona a caballo entre los ríos Tigris y Éufrates, en lo que hoy es Irak. La diosa Inanna comenzó a ser prominente durante el período del rey Sargón, que dirigía el Imperio Asirio, y esta diosa alcanzó la cúspide de su fama durante el período del Imperio Asirio, cuando se decía que Inanna tenía un rango superior incluso al de Ashur, el dios nacional de los asirios. El culto de la diosa decayó durante los siglos posteriores al nacimiento de Cristo, especialmente con la llegada del Islam en el siglo VII d.C., pero se dice que esta diosa era adorada en ciertos distritos de las colinas hasta el siglo XVIII de nuestra era.

Es importante examinar la historia de Inanna porque representa una de esas divinidades que realmente encapsulan el espíritu de la religión. En este sentido, Inanna es casi como el Thor de los sumerios. Por supuesto, Inanna era una diosa sumeria, pero su culto estaba tan arraigado entre su pueblo que la compararíamos en importancia con un Thor para los nórdicos o un Apolo para los griegos.

Inanna era una diosa del amor y la sexualidad, pero también era una diosa de la guerra y del nacionalismo. En un famoso relieve de la época acadia, Inanna aparece pisoteando un león, lo que puede indicar la capacidad de los sumerios y acadios para salir victoriosos de sus enemigos (que eran muchos).

La diosa Inanna era tan importante para los sumerios y otros pueblos del Creciente Fértil que era un personaje importante en una de sus historias formativas, la de Gilgamesh. Se cree que el relato de Gilgamesh (llamado la Epopeya de Gilgamesh) es el más antiguo del mundo, ya que precede a la Ilíada y la Odisea en unos 1500 años. Este relato se ha conservado lo suficiente como para que todavía pueda leerse en su forma básicamente completa hoy en día, más de 4000 años después de ser escrito. Inanna fue un personaje importante en esta historia, ya que formó parte de la motivación de las acciones de Gilgamesh en la epopeya y fue responsable de algunas de sus tribulaciones. Se ha mencionado que Inanna fue la inspiración, o el equivalente, de Astoreth en el panteón fenicio, pero su avatar más famoso fue el de Astarté, Astarté o Ishtar: nombre por el que se la conoce comúnmente.

Como el lector aprenderá en *Mitología Sumeria: Una Guía Profunda de la Historia Sumeria y del Imperio y los Mitos Mesopotámicos,* la presencia de deidades similares en diferentes civilizaciones regionales puede dar lugar a un confuso mosaico de nombres e identidades.

Por ejemplo, el dios Utu también era conocido como Shamas, Shamash o Utu-Shamash (nombre que se le dará en este trabajo). Era un dios solar gemelo de Inanna. Como era típico en la iconografía sumeria, se le mostraba de muchas maneras: a veces es un anciano con una larga barba blanca o como un disco con alas o puntos en direcciones cardinales. Como se creía que Inanna traía la civilización a los seres humanos, se creía que Utu-Shamash era el responsable de traer a los humanos las leyes. Para empeorar las cosas, Utu no debe confundirse con Uttu, que era a la vez hija y esposa de Enlil.

Dado que las divinidades sumerias a menudo asumen caracteres regionales distintos, o que su imagen y su culto cambian un poco con el tiempo, es importante entender un poco la historia de la región para obtener el sabor completo de los mitos. Esto es importante incluso si el enfoque de la mitología se centra principalmente en un determinado periodo de tiempo, como el periodo acadio y anteriores. Estos son realmente los días más oscuros de la mitología, en los que nos ha quedado muy poco, aparte de algunos monumentos restantes y las ocasionales tablillas cuneiformes, inscripciones que sólo se tradujeron hace relativamente poco tiempo. Por supuesto, no queremos decir que la sociedad o la civilización fueran oscuras. De hecho, la civilización sumeria era tan vibrante que podríamos describirla como brillante o dorada.

Esta es la región que dio origen a los asirios, a los babilonios y, más tarde, a los persas. Esta región entre dos grandes ríos ha dejado un legado que hoy puede parecer lejano, pero que sigue siendo poderoso y cercano en muchos aspectos. Ya hemos dicho que los dioses del panteón sumerio entraron en las mitologías de otros pueblos; pues bien, los museos están llenos de imágenes de estos primeros dioses que representan una de las religiones más antiguas atestiguadas en la historia de la humanidad, si no la más antigua.

El estudio de la historia sumeria es un ejercicio de engrandecimiento y unificación. Si se observa esta región, se llega a comprender cómo, con el paso del tiempo, los pueblos de esta región se unieron en entidades políticas cada vez más grandes en las que los caracteres de los pueblos regionales han sido a veces barridos, pero a menudo incorporados. Quizá por eso los sumerios tenían tantas deidades, hasta trescientas según algunas fuentes.

A partir de las pequeñas ciudades-estado de Uruk, Nippur y otras, la civilización sumeria acabó convirtiéndose en un gran imperio bajo los acadios dirigidos por Sargón, y luego en imperios bajo los asirios, babilonios y otros. Estas civilizaciones no son tan oscuras o marginales como se podría pensar. No sólo influyeron en las religiones de los griegos y los persas, sino que también influyeron en el judaísmo y, como resultado, en las otras religiones abrahámicas del islam y el cristianismo. Otra de las lecciones que se pueden extraer de esta historia es cómo los dioses locales de las ciudades podían convertirse en divinidades de carácter nacional que acababan extendiéndose a otras regiones. Esta presencia de dioses de carácter local y cívico que asociamos con los griegos, por tanto, comienza más de mil años antes de los primeros coletazos de la civilización griega durante los periodos micénico y minoico.

Pero volvamos nuestra mirada a Inanna. En *Mitología sumeria: Una Guía Profunda de la Historia Sumeria y del Imperio y los Mitos Mesopotámicos,* conocerás a todos los dioses importantes del panteón mesopotámico, incluyendo a Inanna y Utu-Shamash, pero también contamos con Enki, Enlil, An, Ninhursag, Nanna y otros entre este número. Son dioses de nombres extraños y prácticas extrañas a las que puede costar acostumbrarse, pero que se harán más familiares con el tiempo. En

Mitología sumeria: Una Guía Profunda de la Historia Sumeria y del Imperio y los Mitos Mesopotámicos, te familiarizarás lo suficiente con los antiguos, y a veces, oscuros dioses como para entender cómo su culto impactó en otras civilizaciones e incluso puede haber dejado una huella que se extiende hasta la actualidad.

Como ya has descubierto, Inanna no era tan oscura o extraña como puede parecer a primera vista. Puede que se la represente con alas, portando extrañas armas y pisoteando leones y otras bestias, pero básicamente era la misma diosa que Botticelli representó llegando a las costas de Chipre en una concha marina: una hermosa mujer con largos rizos rubios rojizos. Era la misma diosa representada en la Venus de Milo que hoy se conserva en el Louvre. Y era la misma diosa que fue responsable de desencadenar la guerra de Troya al prometer a París el mayor premio de todos: Helena de Troya. Una forma fácil de introducirse en Inanna y otros dioses es entender el papel que desempeñaron con los héroes importantes de la región y sus leyendas. Así, podemos hablar de cómo ella amaba a Gilgamesh y le pidió que se convirtiera en su consorte divino. Gilgamesh la rechaza y, como resultado, ella libera al Toro del Cielo, lo que lleva a la muerte de Enkidu y a las subsiguientes tribulaciones de Gilgamesh al enfrentarse a su mortalidad.

En el primer capítulo se hará un repaso de la historia de Sumeria con el fin de preparar al lector para el viaje relámpago que es la historia de los dioses sumerios. La historia de los dioses sumerios es también la de los dioses acadios, asirios, babilónicos y fenicios, por no hablar de las demás culturas que extrajeron algún miembro de su panteón de las divinidades de las antiguas ciudades de Sumer. Para entender la mitología, hay que entender al pueblo. Y para entender a los pueblos, hay que conocer la tierra que los vio nacer.

La tierra que vio nacer a los sumerios fue la de Mesopotamia: la tierra entre dos ríos. Es un hecho sorprendente de las civilizaciones antiguas que todas ellas surgieron a lo largo de grandes ríos. Las civilizaciones mesopotámicas surgieron en la gran llanura entre los ríos Tigris y Éufrates. La civilización egipcia, por supuesto, surgió a lo largo del Nilo. La primera civilización del sur de Asia surgió a orillas del Indo. Y los primeros pueblos de China surgieron a lo largo de los ríos Yangtze. Los ríos eran el alma de los pueblos primitivos, ya que no sólo les permitían cultivar las cosechas necesarias para mantener a una gran población, sino que también permitían las rutas para el comercio o la conquista, y proporcionaban el punto de partida para civilizaciones sorprendentemente únicas.

En el segundo capítulo, se nos presentará la sociedad de Sumer y algunas de las civilizaciones relacionadas que le siguieron. Puede parecer, a primera vista, que todas las sociedades deben ser en cierto modo iguales. Todas tienen reyes y guerreros, sacerdotes y magos, agricultores, campesinos, comerciantes y gente del pueblo, pero un examen más detallado de las primeras civilizaciones revela que todas eran únicas a su manera. En Sumeria, los sacerdotes desempeñaban un papel importante, sobre todo al principio. De hecho, parece ser el sello distintivo de las civilizaciones orientales que las figuras religiosas tuvieran una importancia primordial, e incluso cuando los reyes y emperadores los superaban, a menudo adoptaban un carácter religioso. Todo esto y mucho más se analizará en el segundo capítulo en el contexto de los sumerios.

En el centro de la civilización sumeria se encontraban, por supuesto, los dioses y diosas, aunque la vida que cobraban era insuflada por sus devotos. Los dioses de Oriente Próximo suelen ser fascinantes porque adquieren un carácter algo diferente al de las divinidades correspondientes en Europa. En la mitología griega, romana y nórdica, vemos dioses y diosas que se asemejan a hombres y mujeres. Llevan ropas apropiadas para la sociedad y se comportan casi como humanos grandiosos o glorificados. Pero en las civilizaciones sumeria, egipcia, asiria y otras, vemos que los dioses pueden ser muy diferentes a esto.

Podemos encontrar dioses que parecen humanos a simple vista, pero que quizá tengan pies de pájaro, de león o de otros animales. Incluso pueden tener la cabeza de un animal, un motivo que era muy común entre los egipcios, pero que también tenía cabida entre culturas como la sumeria. Estos dioses no pretendían ser modelos de personas o parecerse a ellas de alguna manera (como los dioses grecorromanos). Estos dioses podían ser misteriosos y crueles. Pueden ser sensuales o tener otras características exageradas. Pueden ser terroríficos. Los dioses y diosas de Sumer se presentarán en el tercer capítulo.

Aprenderás varios de los mitos formativos de la civilización, como la historia de los Nacimientos Cósmicos, la historia de Enki y Ninmah, la historia de Enki y Ninhursag, y la historia de Enlil y Ninlil. Esta introducción comenzará a establecer el tono no sólo de cómo eran los dioses y diosas de Sumer, sino de cómo era la gente. Cómo vivían y por qué lo hacían. Todo esto y mucho más se abordará en el tercer capítulo cuando nos embarquemos en una discusión sobre los dioses y diosas sumerios, como Inanna, Nanna, Enlil, Anu y otros.

Como en la mayoría de las mitologías, en el mito sumerio había dioses, diosas y personajes particulares que se movían en sus sociedades como colosos.

Estos leviatanes de Sumer incluían a las deidades primarias -a saber, Enlil (o Ellil), Anu y Enki- pero también incluían a Inanna, Adad, Ea, Ninurta y Nergal. También había, por supuesto, héroes como Gilgamesh, cuyos relatos nos han llegado hasta el presente. En el cuarto capítulo, comenzaremos nuestro estudio del mito sumerio explorando en detalle los relatos de algunas de estas figuras fundamentales.

Comenzamos esta búsqueda con Ninurta, el dios de la guerra y un importante miembro del panteón de dioses y diosas sumerios.

Al igual que Apolo, Zeus y Thor tenían sus mitos importantes que ayudaban a conformar la forma en que los civiles de sus respectivas sociedades percibían a los dioses, a ellos mismos y a su mundo, también los cuentos de los sumerios nos ayudan a entender esta dinámica. En el caso de Ninurta, estos relatos incluyen las historias de Ninurta y Asag, pero también incluyen la historia del regreso de Ninurta a Nippur. Ninurta no será el único cuya leyenda se explora de este modo. En el sexto capítulo, aprenderemos más sobre Inanna, la diosa de muchos nombres. También fue Astarté, Ishtar, Astoret y, más tarde, Afrodita. Se dice que había más cuentos de Inanna que de cualquier otra deidad de los sumerios. Algunos de estos cuentos los conocerás.

Pero antes, nos desviamos de los dioses para adentrarnos en el reino de los héroes y los reyes. En el quinto capítulo se explorarán las historias de reyes y héroes, ya que son estas figuras las que suelen dar una idea de la forma que toman la sociedad y la civilización.

También lo vemos en otras mitologías. Así, Teseo, Perseo, Heracles y Aquiles son tan importantes en la mitología griega como Apolo, Zeus y Atenea. No porque se les adore, sino porque sus mitos nos dan una mejor idea de lo que creía el pueblo y de cómo se vivía.

Los reyes y los héroes fueron especialmente importantes en el mito nórdico, donde muchas de las sagas y poemas que perduran hasta nuestros días son en realidad relatos de estas figuras de la vida real: relatos en los que los dioses son casi personajes secundarios en el drama general. Comenzaremos el estudio de los héroes sumerios con una introducción a los mismos: quiénes eran y cómo deben interpretarse. Hay muchos reyes y héroes de los que hablar, incluidos los míticos como Gilgamesh y los reales como Sargón. Conocerás la historia de Enmerkar en el Ensuhkesdanna y la de Sargón y Ur-Zababa.

Volveremos a examinar más de cerca a otro dios: Nanna. Nanna, el dios de la sabiduría y la luna, no debe confundirse con otro dios ya mencionado, a saber, Inanna o Ishtar. Las similitudes en los nombres de las deidades de esta región pueden llevar a confusión, pero una discusión de sus mitos ayudará a pintar un cuadro de distinción que será útil más adelante. El viaje de Nanna a Nippur es sólo uno de los varios relatos de este dios que se explorarán en el séptimo capítulo. A continuación, llega el momento de lo que quizá sea el capítulo más importante de los mitos y leyendas sumerios. Se trata de la Epopeya de Gilgamesh, la obra más antigua y sin duda una de las más importantes de la literatura universal. Se trata del relato de las hazañas del héroe Gilgamesh, un hombre que puede haber servido de inspiración para Heracles y otros. Ya hemos hablado del desafortunado encuentro de Gilgamesh con Inanna, pero también tuvo otras pruebas. Las historias de Gilgamesh y de otros como Enkidu y Utnapishtum se explorarán en el octavo capítulo. Las historias de dioses y héroes continuarán en el noveno capítulo, cuando exploremos otras historias, como la de Lugalbanda en la Cueva de la Montaña, y la de Lugalbanda y el pájaro Anzu. El Anzu, un pájaro gigante que roba la tabla de los destinos, es uno de los personajes más interesantes que conocerá el lector.

Al final del noveno capítulo, el lector habrá desarrollado sin duda un fuerte sentido del tono del pueblo sumerio y de su sistema de creencias religiosas. Los sumerios pasaron a formar parte de otra importante civilización conocida como los acadios. Esta es la civilización del gran rey Sargón, un hombre cuyo nombre se cree que hace referencia al papel que desempeñó entre su pueblo. Este fue uno de los primeros grandes imperios del mundo y sin duda desempeñó un papel fundamental en la difusión de las creencias sumerias a otras regiones vecinas, como Fenicia y Arabia. Aunque la civilización acadia puede interpretarse como una parte de la civilización sumeria más amplia, un examen más detallado de Akkad sirve para completar la historia de Sumer.
Es una historia con suficientes rarezas y giros para deleitar incluso al más taciturno de los lectores. Ciertamente, los estudios mitológicos no son para todo el mundo, pero aquellos lectores que estén indecisos respecto a este tema tendrán que dar la batalla por Sumer, ya que esta civilización tiene mucho que interesar. En todo caso, les interesará lo poco que saben sobre estas misteriosas divinidades sumerias y el pueblo muerto hace tiempo que las adoraba. Tu viaje al interior de su mundo comienza con un conocimiento más profundo de su historia.

Capítulo 1: La historia de Sumer

Mesopotamia es una de las regiones más fértiles de la Tierra. Se trata de una llanura situada entre dos ríos, el Éufrates y el Tigris, y está estratégicamente situada en una región que está en Asia, pero cerca tanto de África como de Europa. Quizá por ello, esta región no sólo ha dado lugar a algunas de las civilizaciones más importantes de la historia, sino que ha sido objeto de interminables luchas por parte de grupos tan diversos como los egipcios, los romanos y los turcos otomanos. Mesopotamia era una tierra que valía la pena poseer y muchos conquistadores, entre ellos Alejandro Magno, eran conscientes de ello.

La mayor parte de Mesopotamia se encuentra hoy en día en la nación de Irak, pero partes de ella se encuentran también en Turquía, Siria y un pequeño número de otras naciones. Y esto no incluye las naciones inmediatamente adyacentes a Mesopotamia, regiones que durante mucho tiempo estuvieron sometidas a la influencia política y cultural de esta importante región.

Los griegos y los macedonios fueron sólo algunos de los muchos pueblos que reconocieron la importancia de esta región.

Los seléucidas, que llegaron al poder tras la muerte de Alejandro, fundaron su capital de Seleucia en el Tigris, en Mesopotamia. Sabían que la fértil llanura que rodeaba la ciudad no sólo era fructífera, sino que constituía una especie de atalaya perfecta para vigilar a los persas, los bactrianos y otros que ansiaban rebelarse y conseguir su independencia. En este capítulo repasaremos la historia de Mesopotamia, centrándonos en el periodo sumerio. Como los dioses sumerios también aparecían en los panteones de otras civilizaciones de la región, también hablaremos de algunos de los otros imperios que surgieron y cayeron después de los primeros estados sumerios y acadios. El hecho más importante que hay que sacar de inmediato es mencionar que la mayoría de los historiadores consideran que Mesopotamia es la cuna de las civilizaciones. Las primeras evidencias de escritura y vida cívica (hasta la fecha) no se encuentran en Egipto, ni en Europa, sino en Mesopotamia.

Se cree que Mesopotamia ha estado habitada desde hace al menos 12.000 años. Su clima, su idoneidad para la agricultura y el amplio suministro de agua fresca y limpia la hicieron perfecta para la formación de una civilización. Como pronto sabrá, las primeras ciudades de la región florecieron hace unos 6000 años.

Breve repaso a la historia de Mesopotamia

Mesopotamia era una tierra de ciudades-estado que competían entre sí durante el periodo comprendido entre el 4.000 y el 3.000 a.C. aproximadamente. Estas ciudades acabaron unificándose bajo el rey Sargón del Imperio Acadio. Seguirían unidas bajo la tutela de los asirios y los babilonios. La región se caracterizó por una guerra casi constante, lo que no impidió que se desarrollaran grandes avances agrícolas y un estado de alta civilización. En Mesopotamia se construyó a gran escala, incluidos los zigurats, edificios diseñados para permitir la comunicación con los dioses sumerios.

Los habitantes de Mesopotamia no sólo destacaron por su agricultura y sus prácticas religiosas, sino también por sus avances en matemáticas y ciencias. Algunas de las prácticas desarrolladas durante esta época se dan por sentadas hoy en día. Estos avances matemáticos incluyen el minuto sesenta, la hora sesenta y el círculo de trescientos sesenta grados. Una de las principales aplicaciones de estas prácticas matemáticas fue la astronomía.

Los babilonios, por ejemplo, dividían el año en doce períodos. Cada período recibía el nombre de la constelación más prominente del cielo nocturno, lo que constituye un sistema zodiacal que todavía se utiliza en algunas religiones y culturas. La semana de siete días es algo más que puede atribuirse a los babilonios. Sin embargo, se cree que el avance más importante de los pueblos de Mesopotamia es el sistema de escritura. Este sistema comenzó como pictogramas, no muy diferentes a los jeroglíficos de los antiguos egipcios. Este sistema acabaría convirtiéndose en lo que hoy conocemos como escritura. Este sistema de escritura comenzó a aparecer hacia el 3200 a.C. Hoy lo llamamos cuneiforme. Era tan flexible que se convertiría en la base de más de una docena de lenguas, como la babilónica, la hitita, la persa y la elamita. El Código de Hammurabi, el código legal más antiguo de su clase, fue escrito en el cuneiforme que desarrollaron los habitantes de Mesopotamia.

Las riquezas de Mesopotamia, tanto materiales como intelectuales, acabarían siendo la causa de su caída. Ciudades como Babilonia eran demasiado atractivas para los extranjeros como para ser ignoradas como objetivo de conquista. A partir de la conquista de Babilonia por los persas en el año 539 a.C., Mesopotamia se encontraría en manos de extranjeros. Mesopotamia caería en el rango de naciones de segunda categoría bajo el control de otros. Su ciudad desaparecería en las arenas, pero su legado de ciencia, lengua y matemáticas permanecería hasta el presente.

Los sumerios

Algunos creen que la transición de las sociedades de cazadores-recolectores a las grandes sociedades agrícolas se produjo en Mesopotamia en algún momento entre el 10.000 y el 4.000 a.C. En la civilización sumeria encontramos las primeras pruebas documentadas de la rueda, la astronomía, el lenguaje y la división del tiempo. En Sumer, una región del sur de Mesopotamia, también se desarrollan las primeras verdaderas ciudades.

Las primeras ciudades pertenecían a la Cultura Ubaid de Sumer, que duró desde el 6000 a.C. hasta el 4000 a.C. aproximadamente. Se produjeron oleadas migratorias desde las regiones costeras del oeste, en la actual Siria, hacia las llanuras mesopotámicas. La cultura sumeria se formó gracias a la interacción de estas ciudades.

Las ciudades de Sumer incluían Kish, Ur, Eridu, Nippur, Uruk y Babilonia. Debido a que había un excedente de alimentos producidos por estas ciudades, gran parte de la población pudo dedicarse a otras actividades que permitieron los avances de Mesopotamia que se mencionaron anteriormente. Estas grandes ciudades de Sumer rivalizaban entre sí y atraían a los forasteros. Las primeras ciudades amuralladas se crearon en lugares como Uruk. Con el tiempo, todas las grandes ciudades de Sumer tuvieron murallas. Hacia el 2500 a.C., Enshakushanna, rey de Uruk, conquistó la mayoría de las ciudades-estado de Sumer y se declaró "Señor de Sumer". Su gobierno fue breve ya que un rey rival conquistaría Uruk así como las antiguas ciudades-estado que dependían de Uruk. Durante este tiempo, los reyes sumerios conquistaron el vecino Reino de Mari e incluso tuvieron conquistas en el Este en la ciudad elamita de Susa.

Unos cien años más tarde, un hombre de Kish pasó de ser un copero a conquistar las ciudades de Kish y Uruk. Este fue Sargón, el fundador de Acad. Este período de la historia sumeria fue de asimilación. Esto fue importante en la historia de Sumeria, ya que las ciudades-estado tenían identidades distintas como naciones virtuales, y Sargón permitió que Sumer y Acad desarrollaran una identidad como nación mesopotámica unificada.

Los acadios

Las ambiciones de Sargón no terminaron una vez que hubo unificado las ciudades de Sumer en el sur de Mesopotamia. Siguió conquistando todas las ciudades y otros lugares de la fértil llanura de Mesopotamia. Fundó un imperio; de hecho, muchos historiadores consideran que el imperio de Sargón fue el primero de la historia del mundo. Era un imperio porque Sargón gobernaba pueblos que hablaban diferentes lenguas y tenían sus propias instituciones burocráticas separadas. Durante su época, la lengua nativa de los sumerios fue sustituida por una escritura de origen semítico (es decir, del Mediterráneo oriental al oeste de Sumer). Su estado se conoció como el Imperio Acadio y duraría bajo los descendientes de Sargón durante casi doscientos años. Durante este tiempo, un estado al este de Sumer, llamado Susa, se alzaría a la prominencia. Los su sanos se harían lo suficientemente fuertes y desarrollados como para desafiar a los acadios por su influencia en la región.

Este período de tiempo también vio el surgimiento del pueblo gutiano como un desafío a los acadios. Los guítanos atacaron a los acadios, lo que llevó a la lenta erosión del imperio acadio. Quemaron Akkad, la capital de los acadios, hasta los cimientos.

La ubicación de Akkad sigue siendo un misterio, aunque los historiadores y arqueólogos han utilizado pruebas documentales de la época y posteriores para hacerse una idea general de dónde podría estar la ciudad. Muchos creen que está muy cerca de la ciudad de Bagdad, que es la capital de la moderna nación de Irak.

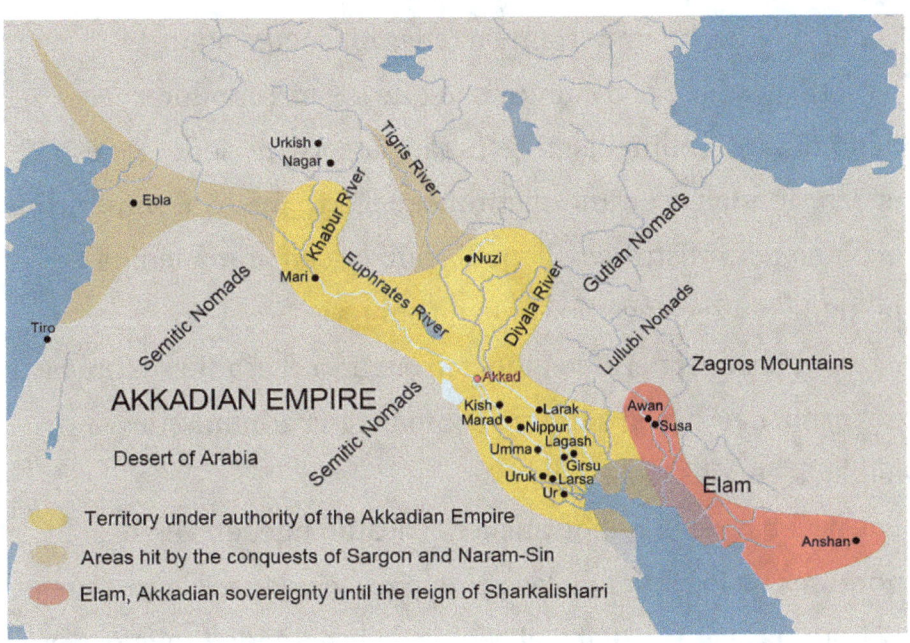

Los acadios serían sustituidos políticamente en la región por el llamado Imperio Neosumérico, también conocido como la Tercera Dinastía de Ur. Este periodo del Imperio Neosumérico duraría desde el 2100 a.C. hasta el 2000 a.C. aproximadamente.

Este período llegaría a su fin debido a las depreciaciones de los amorreos, una tribu árabe al sur que justo en ese momento estaba creciendo en prominencia. Los amorreos adoptarían gran parte de la religión y la cultura de los neo sumerios, y establecerían su capital en Babilonia. Babilonia acabaría convirtiéndose en una de las ciudades más famosas del mundo.

Un último hecho importante a tener en cuenta sobre el periodo acadio y neo sumió es lo que los historiadores denominan el bilingüismo generalizado del periodo. En esta época, aunque el acadio sustituía en cierto modo al sumerio en el plano administrativo, la población era en gran medida bilingüe tanto en acadio como en sumerio.

No será hasta el periodo amorreo cuando el acadio sustituya de forma decisiva al sumerio como lengua administrativa y hablada en Mesopotamia.

Las pruebas de la importancia del acadio pueden verse en los nombres de los reyes de las principales ciudades como Asur y Eshnunna. Actualmente, el centro de la actividad religiosa era la importante ciudad de Nippur. En esta ciudad, Enlil era la divinidad principal. Enlil seguiría siendo la deidad suprema de Sumer hasta el surgimiento de Babilonia en el siglo XVIII a.C. Serían los amorreos y uno de sus reyes, Hammurabi, los responsables del surgimiento de Babilonia como ciudad importante.

Los Amoritas y Amurru

Ha habido mucha confusión y desinformación en torno a los amorreos. Los teóricos de la raza del siglo XIX y principios del XX afirmaban que los amorreos eran arios distintos de los demás pueblos de la región. Llegaron a esta conclusión debido a la descripción que se ha transmitido a través de los tiempos, concretamente que los amorreos eran altos. Algunos incluso afirmaron que el rey David y Jesús eran amorreos "arios", a pesar de que no había pruebas que corroboraran esta afirmación. Hoy en día, los historiadores entienden que los amorreos eran un pueblo claramente semítico que quizá era idéntico a los cananeos que habitaban la región del Levante meridional antes de la llegada de los judíos desde Egipto. Amurru es el nombre dado tanto a un pueblo específico (que hoy conocemos como los amorreos) como al dios que adoran. Este dios también se llamaba Martu, y su ciudad importante se llamaba Ninab. Como muchas otras ciudades de la región, los historiadores y arqueólogos desconocen la ubicación exacta de esta ciudad. Amurru y Martu están documentados en textos en lengua acadia y sumeria.

Amurru era considerado el dios del pueblo amorreo. Los amoritas eran originalmente un pueblo tribal e incivilizado que vivía al margen de los imperios acadio y neo sumerio. Eran pastores y a menudo se les denominaba gente de la montaña o de la estepa.

Por esta razón, Amurru (el dios) también se denominaba señor de la montaña o señor de la estepa. Como señor de la montaña, Amurru se llamaba Bel Sade, que significa lo mismo. Esto ha provocado cierta confusión entre los estudiosos, ya que el dios de Abraham también se llamaba Bel Sade (señor de la montaña). Algunos creen que este dios se convirtió en el infame dios de la Biblia, Baal.

Aunque hasta ahora no se ha prestado mucha atención a los dioses de la región, ésta es una buena coyuntura para iniciar la discusión de uno de ellos. Aunque técnicamente Amurru no era un dios de origen rígidamente sumerio, porque los amorreos conquistaron Mesopotamia e hicieron de la ciudad periférica de Babilonia su

capital, Amurru comenzó a ser un dios al que el pueblo sumerio de Mesopotamia rendía culto, por lo que se cuenta entre.

Los dioses sumerios actuales (de los que se dice que hay hasta trescientos). Amurru se representa a menudo como un pastor o un dios de la tormenta. La existencia de Amurru apunta a la dualidad de los dioses en la historia y la cultura sumeria. Se trataba de un dios regional que pasó a formar parte de la veintena de dioses que adoraban los habitantes de Mesopotamia.

Los dioses, por tanto, tenían un doble papel, como divinidades de lugares o pueblos concretos donde se les rendía culto originalmente y como deidades más amplias de imperios y nacionalidades más amplias. Esta dualidad, muy notable en los mesopotámicos, se observa también en cierta medida en los griegos, con su afición cívica a una u otra deidad.

Los asirios

Los asirios son uno de los pocos pueblos de los que se habla en este libro que siguen existiendo en el presente. Los asirios se consideran un grupo originario de Oriente Medio. En la actualidad, este pueblo también se conoce como sirio, caldeo y arameo. Viven principalmente en el norte de Irak, Turquía y el este de Siria, regiones que se consideran su patria y que constituían las regiones centrales del Imperio Asirio. En la actualidad, la mayoría de los asirios son cristianos, pero en el pasado habrían adorado a dioses similares a los de sus vecinos mesopotámicos.

El Imperio Asirio y su pueblo toman su nombre de la ciudad de Asur. Ésta fue una ciudad importante sobre todo en el periodo acadio y los siglos inmediatamente anteriores. Se conservan las listas de los reyes asirios de este período tan temprano. La mayoría de ellos serían potentados locales que gobernaban como vasallos bajo un rey acadio o neo sumerio. Las ciudades asirias de Asur y Nínive están atestiguadas ya en el 2500 a.C., aunque no eran ciudades-estado independientes en esa época.

El periodo asirio se divide en partes según las épocas de independencia e imperio de los asirios. El período más temprano de la condición de estado se conoce como el Período Asirio Temprano, aunque el primer período importante del imperio fue el Imperio Asirio Antiguo.
Durante esta época, el estado asirio gobernaba toda la región de Mesopotamia, que los nativos de la zona conocían como las cuatro esquinas del mundo. Su estado limitaba con los montes Zagros al este, las montañas del Cáucaso al norte, el desierto de Arabia al sur y el mar Mediterráneo al oeste.
La capital original de este estado fue la ciudad de Asur, aunque otras capitales posteriores fueron Shubat-Enlil y Nínive. El primer gobernante del Antiguo Imperio Asirio fue Puzur-Ashur I, y le siguieron muchos grandes gobernantes a lo largo de un periodo de más de seiscientos años.

Ya se ha hablado del bilingüismo de los sumerios durante el periodo anterior. Durante el Imperio Asirio, los asirios hablaban un dialecto de la lengua acadia. Sus inscripciones estaban escritas en una escritura que se conocía como asirio antiguo.

Los asirios eran seguidores de la religión politeísta mesopotámica. En el centro del panteón asirio estaba su dios nacional, Asur (o Ashur), que, al igual que Amurru para los amoritas, compartía el mismo nombre que el pueblo. Es una extraña similitud que este compartir un nombre se vea también en la ciudad de Atenas, donde se adoraba a Atenea. Los otros dioses del panteón asirio eran Adad, Ninurta, Ninlil, Nergal, Sin e Ishtar (o Inanna).

El Imperio Asirio Antiguo puede haber sido el primer período importante del estado asirio, pero no fue el único. También existió el Imperio Asirio Medio, que duró desde el 1400 a.C. hasta el 900 a.C. aproximadamente, y el Imperio Neoasirio, que tuvo lugar desde el 900 a.C. hasta el 600 a.C. aproximadamente.

Los babilonios

Durante gran parte del periodo asirio, Babilonia fue un centro importante que fue ganando protagonismo hasta convertirse en una de las ciudades más importantes de la región.

Al igual que los asirios, hubo varios periodos en los que el estado babilónico existió como una importante potencia regional e incluso como un imperio. La situación se vuelve confusa en el periodo comprendido entre el 2000 a.C. y el 1300 a.C., ya que había varios estados importantes en la región que se disputaban la influencia, a saber, el Antiguo Imperio Asirio y la Primera Dinastía Babilónica.

La Primera Dinastía Babilónica fue importante principalmente porque uno de sus gobernantes fue uno de los más famosos de la historia, Hammurabi. Como ya se ha dicho, Hammurabi era un amorreo conocido por el código de leyes que dejó. Los amorreos habían llegado desde la costa levantina para establecerse como gobernantes en Mesopotamia, incluyendo las regiones que antes se conocían como Sumer y Acad. La primera dinastía babilónica duró desde el año 1900 a.C. hasta el 1600 a.C. aproximadamente. Esta primera dinastía comenzó a declinar rápidamente tras la muerte de Hammurabi. Se dividió en varios estados y la parte norte fue invadida. Finalmente, la propia ciudad de Babilonia fue saqueada por los hititas, un pueblo importante cuyo estado se encontraba principalmente en Turquía. Los hititas también eran conocidos por derrotar a los egipcios en la batalla. Los egipcios los conocían como los hicsos, y fueron importantes para poner fin al Período Medio de la historia egipcia, que finalmente condujo a una edad de oro egipcia bajo el Período Nuevo. No se conoce la fecha exacta del saqueo de Babilonia, pero se ha fechado entre el 1499 a.C. y el 1736 a.C.

Como Babilonia estaba tan céntrica, pasó a formar parte de muchos otros imperios y estados de la región. Al periodo de desintegración le siguieron tres importantes periodos centrados en Babilonia. Estos fueron el periodo casita, el periodo de la Edad de Hierro y el imperio neo babilónico.

Este último periodo también se conoce como el periodo caldeo, y duró desde el 620 a.C. hasta el 539 a.C. aproximadamente.

Este periodo es el más famoso porque se menciona ampliamente en el Antiguo Testamento de la Biblia. El imperio caldeo o neo babilónico era el estado del rey Nabucodonosor. La Biblia lo llama "el destructor de las naciones", y fue en este período que Daniel fue arrojado al foso de los leones según el Libro Sagrado.

Los fenicios

Los fenicios fueron uno de los pueblos más importantes de la región, aunque técnicamente no vivían en Mesopotamia. Sus ciudades costeras se encuentran principalmente en la actual región del Líbano, conocida ya en la antigüedad por su fragante madera de cedro. El modelo de ciudad-estado era muy importante en la antigüedad, y Fenicia era una tierra de ciudades-estado más que de imperio nacional.

Aunque los fenicios puedan parecer periféricos en la historia de Mesopotamia y de los sumerios, fueron esenciales en la transmisión de gran parte de la vida y la cultura sumerias a los pueblos de fuera de Oriente Próximo, es decir, a los griegos. Ya hemos visto que al menos una diosa del panteón griego era de origen cercano. Se trata de Afrodita, que tiene su origen en la diosa fenicia Astoret. Ashtoreth deriva a su vez de la diosa sumeria Inanna o Ishtar.

Aunque la Afrodita de los griegos estaba desprovista de todos los aditamentos extranjeros que caracterizaban a Inanna/Ishtar/Ashtoreth, sigue destacando como un elefante blanco entre los olímpicos. Su naturaleza sensual, su magnetismo y su virtual independencia de los hombres indican claramente que era de origen no griego y pre griego. Afrodita no sólo descuida y abandona a su marido, Hefesto, sino que desarrolla un carácter más fuerte que el de muchos de los otros dioses griegos porque su culto conserva su carácter no griego. De hecho, diosas como Atenea y Afrodita encarnan la religión de los sumerios quizá más que los demás dioses griegos. Aunque los historiadores de hoy en día asocian a los invasores que se asentaron en Grecia en el segundo milenio y posteriormente como pueblos patriarcales obsesionados con los dioses del cielo, es bastante significativo que no todos los dioses introducidos durante este periodo fueran masculinos. Aunque no todos los dioses de los fenicios llegaron a los griegos, la influencia fenicia se mantuvo. Incluso el alfabeto griego se inspiró en el fenicio. El fenicio era una lengua semítica emparentada con otros miembros de la familia de las lenguas semíticas. Los fenicios tenían un panteón distinto de dioses, pero se adhirieron a la tendencia general mesopotámica de adorar a un amplio cuadro de dioses, muchos de los cuales eran originarios de fuera de su propio país.

Fenicia fue importante históricamente porque sus ciudades como Tiro y Biblos fueron importantes para fundar ciudades como Cartago, que se convirtió en uno de los imperios más importantes del Mediterráneo antes del surgimiento de Roma.

Los persas

Aunque los fenicios fueron muy influyentes en la historia del mundo, serían los persas los que finalmente acabarían con la independencia babilónica del periodo neo babilónico o caldeo. Incluso la Biblia habla de la llegada de los persas, que cambiaría la historia de la región para siempre. Con la llegada de los persas, Mesopotamia ya no sería el centro del imperio, sino un emporio dentro de otros estados más grandes e importantes.

Los persas formaron el mayor imperio jamás visto hasta entonces. Gobernaban desde los desiertos de Oriente hasta las montañas de Europa, pasando por Occidente. También gobernaban gran parte del norte de África, concretamente Egipto, que tenía el prestigio de ser uno de los estados más longevos y ricos de la historia del mundo. Los persas tenían sus propios dioses, así que con su llegada, los dioses mesopotámicos vieron el principio de su fin. Al Imperio Persa le seguiría el Imperio de Alejandro, al que seguiría el Imperio Seléucida. A los seléucidas les seguirían los partos que, a su vez, serían seguidos por los sasánidas. Los sasánidas fueron el último estado importante de la región antes de la llegada del Islam, aunque para entonces, la llama de los dioses mesopotámicos ya se había casi apagado.

Capítulo 2: Sociedad y religión sumerias

Los sumerios han dejado un legado duradero en forma de lengua, astronomía y matemáticas. Son la civilización de la que hoy estamos más alejados en términos de tiempo, pero en términos de nuestra vida actual, debemos bastante a estos habitantes de la fértil llanura de Mesopotamia. Como hemos visto, el lenguaje, la astronomía y las matemáticas son sólo algunas de las cosas que debemos a los sumerios. La existencia de una civilización a gran escala fue posible gracias a los avances en la agricultura. Esto liberó a la población para dedicarse a otras actividades e hizo que la creación de un lenguaje fuera esencial. Si no fuera por esta temprana civilización, hoy podríamos seguir viviendo como cazadores-recolectores.

Sociedad sumeria

La sociedad sumeria, incluso la parte relativamente pequeña que conocemos, era extremadamente antigua. Podría datarse en el año 4500 a.C., lo que la hace unos mil años más antigua que la civilización más importante más cercana, tanto en área geográfica como en tiempo: los egipcios.

Aunque datamos la formación de la sociedad sumeria tan atrás en el tiempo, los registros cuneiformes sólo se remontan a unos 3.000 años antes de Cristo.

Los sumerios tenían una elaborada religión politeísta. Sus deidades eran antropomórficas, es decir, tenían características de animales y de seres humanos. Representaban las fuerzas que actúan en el mundo y el universo. Por lo tanto, estos dioses tenían un significado cósmico. La literatura más antigua de los sumerios identifica cuatro dioses principales: Enlil, Enki, An y Ninhursag. Al igual que en la mitología nórdica y griega, los dioses no siempre se comportaban bien. Eran traviesos, incluso entre ellos. Al parecer, la idea de que los dioses eran en cierto modo como los humanos, incluso en sus cualidades negativas, persistió hasta el declive del politeísmo miles de años después.

La sociedad sumeria siempre se basó en la vida cívica, pero se cree que se urbanizó alrededor del año 3000 a.C., que es la época en que se crearon los primeros registros. El carácter urbano de la sociedad de esta época hizo que los dioses se identificaran con las ciudades. Los sumerios vivían esencialmente en lo que llamaríamos ciudades-estado, y cada ciudad tenía su deidad patrona. El pueblo creía que la deidad patrona era el protector especial de la ciudad y de sus habitantes. Había un gran número de divinidades en esta época, y su relación con las ciudades se ha estudiado utilizando información de las tablillas cuneiformes.

El mayor cambio en la sociedad sumeria se produjo cuando Sumer fue conquistada por los acadios. Los acadios vivían inmediatamente al norte de Sumer. Como resultado de la conquista de Sumer por los acadios, el idioma acadio (una lengua semítica) comenzó a utilizarse junto con el sumerio. Los dioses acadios se sincretizaron, o se combinaron, con los antiguos dioses de Sumer. La sociedad sumeria se volvió más feudal, y la gente veía a sus dioses como si vivieran en un orden feudal al igual que la gente. El dios principal en esta época era Enlil, de quien Enki e Inanna derivaban su poder.

Religión sumeria

Los sumerios creían que el mundo era una cúpula gigante que estaba envuelta en un mar primordial. La tierra era la base de la cúpula, y debajo de ésta salía un inframundo y un océano de agua dulce (en contraposición al mar primordial de agua salada). La deidad de los cielos en forma de cúpula era An. Se creía que An era el antepasado de los dioses, que eran conocidos colectivamente como Anunna, que significaba simplemente la descendencia de An (o Anu).

Los sumerios creían en una vida después de la muerte. Para ellos, el más allá era una caverna oscura que se encontraba muy por debajo del suelo de la tierra. Allí, las personas que habían muerto vivían una versión de la vida que habían llevado en la tierra, pero en las sombras.

El inframundo se conocía como Kur y estaba presidido por una diosa llamada Ereshkigal. Todos los que morían iban al más allá, pero el trato que recibían allí no dependía de sus acciones cuando estaban vivos. Se cree que Ereshkigal pudo ser una inspiración para la diosa griega Hécate. Como mínimo, Hécate se consideraba el equivalente griego de la mucho más antigua Ereshkigal.

En este capítulo, nos introduciremos en la religión sumeria repasando los principales dioses del panteón sumerio. En los casos en los que el dios tiene otro nombre acadio, asirio o babilónico por el que a veces se les conoce en la literatura moderna, se dará este nombre. Comenzamos nuestro repaso con Enlil, el más importante de los dioses del periodo acadio.

Enlil (o Ellil)

Enlil era llamado la Gran Montaña, Señor del Viento y Padre de los Dioses. Enlil no sólo era adorado por los pueblos de Sumer. Este dios también llegó a ser adorado por los acadios, asirios, hurritas y babilonios. Los hurritas vivían en el norte de Irak y Turquía y también eran conocidos como mitanni. Los hurritas estaban estrechamente asociados con los hititas y eran un grupo de población dentro de los grandes hititas. Se cree que los armenios son una amalgama de hurritas con pueblos indoeuropeos de la región.

Pero volvamos a Enlil. Enlil era adorado en todo el mundo sumerio. Su principal lugar de culto estaba en la ciudad de Nippur, donde tenía un lugar sagrado llamado el templo de Ekur. Se creía que este templo había sido construido por el propio Enlil. Se creía que el templo anclaba el cielo a la tierra. Se decía que Enlil era tan sagrado que ni siquiera los otros dioses podían mirar su rostro. Como en el caso de otras divinidades sumerias, Enlil experimentó un aumento de la prominencia debido al aumento de la importancia de su ciudad de devoción, Nippur. Nippur comenzó a levantarse alrededor del 2400 a.C., durante el periodo acadio. Enlil siguió siendo adorado durante siglos, aunque finalmente fue sustituido en Mesopotamia por el dios babilónico Marduk. Bel, un dios babilónico, fue una deidad resultante del sincretismo de Marduk, Enlil y Dumuzid.

An (o Anu)

An, más tarde conocido como Anu, era el dios del cielo. An era una especie de Zeus del panteón sumerio, aunque no siempre fue la deidad principal, siendo sustituido durante la mayor parte del periodo sumerio por Enlil. An era el antepasado de las deidades del panteón sumerio. Por ejemplo, Enlil era hijo de Anu y Ki. Enki también era hijo de Anu por Nammu. Muchos de estos hijos de Anu fueron padres de sus propios hijos. Por ejemplo, Enki fue el padre de Ninsar, Ninti, Ninkurra y Uttu.

Anu tenía tres consortes, aunque están asociados a diferentes períodos de la historia sumeria. Sus consortes eran Uras, y más tarde Ki y Antu. Antu es simplemente la forma femenina del nombre An o Anu. Anu aparece en la Epopeya de Gilgamesh cuando Inanna o Ishtar, su hija, engatusa a su padre para que le permita utilizar el Toro del Cielo para atacar al héroe Gilgamesh. El centro de culto de Anu estaba en la importante ciudad de Uruk, donde se encontraba su templo de Eanna. Más tarde, Anu cedería su estatus de patrono de Uruk a Inanna, señalando el declive gradual de Anu como uno de los dioses principales de Sumer.

Enki

Enki era el dios de la sabiduría, el agua y la creación. Era el gobernante de la Tierra. Este dios también era conocido como Ea en los mitos de los acadios y babilonios. Al igual que los demás dioses, Enki era originalmente un dios regional que más tarde adquirió un estatus nacional. El culto a este dios se extendió mucho más allá de las fronteras de Sumer y Akkad. Enki fue adorado por los hititas, hurritas y cananeos. Enki era inusual, ya que a veces se le mencionaba en las tablillas con un número -el número 40- que se convirtió en su número sagrado. Enki estaba asociado con el planeta Mercurio. En la época babilónica, el dios Nabu, hijo del importante dios Marduk, se asoció con Enki como parte del proceso de sincretismo en curso.

Enki se menciona con mucha frecuencia en los mitos sumerios. Los mitos sobre Enki procedían de todo el mundo mesopotámico, lo que atestigua su amplio culto. Enki también fue adorado durante un período muy prolongado. Su culto está atestiguado desde aproximadamente el año 3000 a.C. hasta el Imperio Seléucida de la Era Helenística. No está claro el significado del nombre Enki, pero se cree que las palabras En y Ki significan "señor" y "tierra". El santuario de Enki estaba en Eridu, donde algunos creen que originalmente era conocido como Ea, que significa "señor del agua". Esto ha causado confusión, ya que generalmente se cree que Ea es un nombre posterior para Enki, posiblemente derivado de los hurritas. Posteriormente, Enki fue considerado como el amante de Ninhursag.

Otras Deidades:

Adad

Adad era un dios de las tormentas. Este dios era originalmente semítico, pero fue introducido a los mesopotámicos en una fecha posterior. Adad, conocido originalmente en Siria como Hadda, fue llevado a Mesopotamia por los amoritas levantinos. Se convirtió en un dios acadio. Este dios era conocido a veces como Ba'al, un nombre familiar por la Biblia, pero había otros dioses que también eran conocidos por este nombre, por lo que Adad no debe ser tomado como equivalente al dios Ba'al.

Adad era también un dios de la lluvia. Se le identificaba con el toro y, en términos de iconografía, Adad solía ser representado con barba. Llevaba un tocado con cuernos de toro y lucía un rayo y un garrote en las manos. Algunos han sugerido que Adad era el equivalente babilónico de Zeus por su asociación con el cielo, los truenos y las tormentas. Esto haría de Adad también el equivalente babilónico-acadio de Júpiter. Otros dioses que se corresponden con Adad serían Teshub, el dios de la tormenta de los hititas, y Amón, un dios de los egipcios.

Amurru

Ya se nos ha presentado a Amurru como el dios patrón de los amorreos que llegaron a Mesopotamia desde el Levante.

Amurru era un dios de los nómadas. Amurru era el hijo de Anu, el dios del cielo. Se menciona a Amurru como pastor y se le asocia con las montañas. Parece que hay un cierto solapamiento en los dioses mesopotámicos, y Amurru es un ejemplo de esta situación. Amurru tiene algunas cualidades de Adad, y a veces se le describe como un dios del cielo o portador de tormentas como Adad. A veces, incluso se hace referencia a Amurru como el Adad del diluvio, en referencia a su capacidad de traer tormentas.

Amurru puede ser una variación del dios semítico El. Una de las razones por las que se sospecha esta relación es que la esposa de Amurru es típicamente Asratum, que es la esposa del dios El en la tradición hitita y semítica. La conexión de Amurru con Abraham e Isaac ya se ha mencionado. El vínculo aquí son las referencias de Amurru como Bel Sade. Amurru es otro dios al que se hace referencia como Ba'al o señor, lo que crea una confusión duradera con respecto a este último dios.

Anzu

Anzu era un pájaro gigante que robó la Tabla de los Destinos. En general, se considera a Anzu como una deidad menor, aunque hay muchos monumentos que lo representan. Los orígenes de Anzu no están del todo claros. Algunos lo hacen nacer de las aguas dulces del océano Apsu, mientras que otros lo sitúan como hijo de Siris, una diosa que era patrona de la cerveza.

La iconografía de Anzu lo muestra como un pájaro que respira fuego. En un relieve muy conocido, se muestra al dios Ninurta persiguiendo a Anzu después de que éste robara la Tabla de los Destinos.

Anzu no se menciona tan a menudo en la mitología como otros personajes. Se le suele asociar con el robo de la tabla de arcilla conocida como la Tabla de los Destinos. Estas tablillas estaban en poder de Enki o Enlil. Curiosamente, Anzu se conoce en realidad como Indugud en los restos cuneiformes sumerios. Anzu es el nombre acadio del dios pájaro. La Tabla de los Destinos fue robada porque quien la poseía podía supuestamente controlar el universo. La versión más antigua del mito del robo de esta tablilla situaba al héroe como Ningusu, mientras que la versión más conocida de la historia da al héroe como Ninurta.

Apkallu

Apkallu es el nombre de los sabios del mito babilónico. Los historiadores describen a estos Apkallu en la actualidad como siete semidioses que poseen una gran sabiduría. Estos Siete Sabios, como se les suele conocer, tienen cualidades antropomórficas. Suelen describirse como parte de pez y parte de hombre. Tras el diluvio de la Epopeya de Gilgamesh, a veces se describe a los sabios como humanos y no como dioses o semidioses.

El término Apkallu no tiene por qué referirse a los Siete Sabios específicos de ciertos mitos. Los reyes, dioses u otros gobernantes también pueden ser llamados con este nombre como indicación de la gran sabiduría o astucia que posee el individuo. El nombre Apkallu, como epíteto, significa literalmente "el sabio".

Ashur

Ashur era el dios principal del pueblo asirio. La iconografía de Ashur a veces lo muestra montado en una serpiente. El dios Ashur no debe confundirse con otro Ashur que era un personaje de las historias bíblicas. Ashur también era conocido como Asur, lo que lo vincula estrechamente al pueblo asirio. La iconografía de Mesopotamia utiliza a veces una figura conocida como el arquero con túnica de plumas, y Ashur se muestra a menudo con esta apariencia.

En cuanto al papel de este dios, se creía que el dios Ashur era la versión deificada de la ciudad. Ashur acabó identificándose con Enlil, el dios principal del panteón acadio. Con el aumento de esta identificación, Ashur recibió una familia. Tomó a la esposa de Enlil, Ninlil, que pasó a ser conocida como Mulissu por los asirios, y se le dieron los hijos Zababa y Ninurta. Esta identificación de Ashur con una esposa e hijos comenzó unos mil años después de los inicios de Ashur, en torno al 2500 a.C. Bajo los asirios, Ashur era la cabeza del panteón babilónico. Su nombre en esta época se escribía con los símbolos cuneiformes que significaban "todo el cielo".

Toro del Cielo
El Toro del Cielo es un personaje que aparece en la Epopeya de Gilgamesh. El Toro del Cielo es ligeramente diferente en la Epopeya de Gilgamesh en acadio que en el poema anterior de Sumer. La historia del Toro del Cielo se centra en el rechazo de Gilgamesh a la diosa Inanna, o Ishtar. Inanna pide entonces a su padre el Toro del Cielo para enviarlo contra el héroe Gilgamesh. Anu accede a dar a su hija el Toro del Cielo, que es enviado por Inanna contra Gilgamesh y su amigo Enkidu. Enkidu y Gilgamesh matan juntos al Toro del Cielo.

Pero los dos no han acabado con el toro ni con Inanna. Enkidu lanza el muslo del Toro del Cielo a Inanna como burla. Los dioses del panteón condenan a Enkidu a morir, lo que enseña a Gilgamesh a temer su propia muerte. Este dispositivo es la principal motivación para el resto de los acontecimientos de la epopeya. En el cielo nocturno, el Toro del Cielo se identificaba con Tauro. Algunos creen que el relato del Toro del Cielo está relacionado con otras historias del Cercano Oriente y del mundo mediterráneo.

Dumuzid

Dumuzid, también conocido como Tammuz, era el consorte de la importante diosa Inanna. Hay muchos relieves de Sumer que representan el matrimonio de Inanna y Dumuzid. Dumuzid vivía en el cielo como consorte de la Reina del Cielo, como se conocía a Inanna.

Inanna era un dios de la fertilidad que también era el protector de los pastores. Dumuzid es interesante porque se le describe como un rey anterior al diluvio de una ciudad llamada Bad-tibira. También se dice que es el rey de la ciudad de Uruk en las listas de reyes sumerios.

Inanna no entregó su mano a Dumuzid sin luchar. Dumuzid tuvo que competir con un granjero llamado Enkimdu por la mano de Inanna. Cuando Dumuzid comete el error de no llorar adecuadamente la muerte de Inanna, Ubabba regresa y permite que los demonios lo arrastren al inframundo como sustituto de ella. Finalmente, Inanna se retracta de su decisión y Dumuzid sólo tiene que permanecer en el inframundo la mitad del año, lo que lleva a la división del año en distintas estaciones.

Ea
Dios de las aguas sobre las que flota la Tierra. Otro nombre para Enki.

Ereshkigal
Ereshkigal era la diosa del inframundo. Ereshkigal era la hermana mayor de la diosa Inanna. Mientras que Inanna es la reina del cielo, Ereshkigal es la reina del inframundo, que se llamaba Irkalia o Kur. Se cuentan muchos mitos sobre Ereshkigal, pero uno es especialmente significativo.

En un tiempo, Inanna descendió al inframundo para aumentar sus poderes en ese lugar. Inanna exige que la dejen entrar, pero Ereshkigal le dice a su guardián que sólo abra las siete puertas del inframundo individualmente después de que Inanna se haya quitado siete prendas de vestir. Inanna entra desnuda en los dominios de Ereshkigal, impotente para luchar contra su hermana. Ereshkigal estaba casada con Nergal y era la madre de Namtar, Ninazu y Nungal.

Gula

Gula, o Nintinugga, era la diosa de los médicos y de la curación. Era la consorte del dios Ninurta. Nintinugga era el nombre de esta divinidad en acadio y babilonio, mientras que Gula era un nombre posterior de la región mesopotámica. También hubo muchos otros nombres para esta divinidad. Se la conocía como Balati o Belet. También se la conocía como Bau y Azugallatu, que significa la "gran sanadora". Nindindug, Ga-tun-dug, Nin Ezen y Nin-Karrak son algunos de los otros nombres de esta deidad.

Gula tenía una serie de mitos e historias asociadas a su culto. Se decía que había ayudado a devolver el aliento de vida a la humanidad tras el diluvio. Era una sanadora y fue Gula quien ayudó a curar a la humanidad de los estragos del Diluvio.

Como otros dioses sumerios y babilónicos, Gula tenía una especie de naturaleza dual. Se le rezaba con fines curativos, pero también para castigar a los que hacían daño a los demás. Su ciudad era Lagash, aunque su culto también era importante en Nippur y Shirgula. Aunque Ninurta era su consorte y en ocasiones se la invocaba junto a él, también se la invocaba sola como una deidad importante por derecho propio.

Lamassu
Lamassu era una importante deidad protectora en la religión de la región mesopotámica, especialmente de los asirios. Lamassu se representaba como un toro o un león con cabeza humana. La iconografía de Lamassu es muy conocida por quienes están familiarizados con el arte y la arquitectura asirios. De hecho, esta imagen del cuerpo de un animal con una cabeza humana coronada que tiene una expresión benigna es muy distintiva del Imperio Asirio. A veces, Lamassu se presenta como una deidad femenina, pero normalmente es masculina. Lamassu también solía tener alas de pájaro.
Los Lamassu y Shedu eran divinidades protectoras para los babilonios. Los Lamassu también se extendieron a las regiones vecinas, ya que la imagen de un león con alas y cabeza humana también se encuentra en Persia, especialmente en los restos masivos de Persépolis.

Los Lamassu se mostraban a menudo en las entradas de palacios y templos, ya que adquirieron los rasgos de protectores reales más adelante en la historia de Mesopotamia.

El Lamassu engloba toda la vida en su interior y gigantescas esculturas de Lamassu podrían adornar también la entrada de una ciudad importante como Babilonia, Nínive o Asur.

Inanna o Ishtar

Inanna, también conocida como Ishtar, era una diosa del amor, la guerra y la fertilidad. Inanna es interesante porque pareció aumentar su importancia a lo largo de los miles de años de la civilización mesopotámica. Pasó de ser uno de los varios dioses del panteón sumerio a ser la Reina del Cielo. Esto la hizo más importante en algunos lugares que incluso Enlil, An y Enki. Como hemos visto, se contaban muchos mitos y leyendas sobre Inanna, lo que consolidó su lugar como una de las figuras más significativas del mito de la región. También se la representaba con frecuencia en el arte, aunque en su faceta de gobernante del cielo, a veces se la confunde con su hermana mayor Ereshkigal, que era la gobernante de Kur, el frío inframundo.

Inanna también era conocida como Ishtar. Como el lector ha aprendido, había incluso más nombres para describir a esta importante diosa del amor.

Es interesante reflexionar sobre por qué una diosa del amor ocupa un lugar importante en algunas mitologías y no en otras. Parece una característica de Oriente y del Cercano Oriente que tal divinidad tenga un papel importante, mientras que parecen ser menos significativas en Europa y en otras sociedades asociadas con el rígido patriarcado.

La existencia de Inanna en Mesopotamia da crédito a la idea académica de que los primeros dioses de los griegos eran principalmente femeninos, mientras que los invasores del norte, como los dorios, trajeron los dioses más masculinos. Dicho esto, es importante recordar que Afrodita (que estaba basada en Astoret/Inanna) no era originaria de los griegos, sino que llegó a ellos a través del contacto con los fenicios. Inanna fue uno de los dioses más longevos, su culto perduró hasta el periodo cristiano e incluso el musulmán.

Lama

Lama es otro nombre para los Lamassu. Lama solía ser considerada una mujer. Era una diosa de la protección personal o privada.

Lamashtu

Lamashtu era un demonio que se aprovecha de los niños. También se la ha descrito como un monstruo o diosa maléfica que atormenta a las mujeres mientras dan a luz

. A veces incluso secuestraba a los hijos de las mujeres mientras las amamantaban. A esta diosa o semidiosa se le atribuyen muchos actos malignos, como roer los huesos de los niños y chupar su sangre. Como muchos otros dioses y diosas mesopotámicos, Lamashtu era hija del dios del cielo Anu (o An).

La iconografía de Lamashtu no era menos aterradora que sus supuestas hazañas. Lamashtu era representada con cabeza de leona, orejas y dientes de asno, cuerpo cubierto de pelo, largas uñas y dedos, y patas de ave con prominentes garras. Parece tener las características de una arpía del mito griego, aunque los actos atribuidos a Lamashtu eran mucho peores y era muy temida. Lamashtu se mostraba a veces de pie sobre el lomo de un asno y sosteniendo numerosas serpientes. También se la mostraba amamantando animales, especialmente un perro o un cerdo. Algunos consideran que Lamashtu tiene similitudes o se solapa con otro personaje de la región: Lilith.

Se realizaban rituales para proteger a la gente de Lamashtu. Las personas que necesitaban protección eran las mujeres que daban a luz o los niños enfermos. Los rituales eran bastante complicados. En el ritual se requería una estatuilla que se asemejara a Lamashtu. La estatuilla se colocaba junto a la cama de la persona que necesitaba protección.

El pan se ofrecía a esta figurilla. Un perro negro debía llevar la estatuilla y en la boca de ésta se colocaba el corazón de un lechón. La estatuilla debía colocarse cerca de la cabeza de la persona que necesitaba protección o ser curada durante tres días. Al tercer día, al anochecer, se sacaba la estatuilla de donde reposaba y se enterraba cerca de la pared de la casa.

Marduk

Los estudiosos consideran a Marduk como un participante relativamente tardío en el panteón de dioses mesopotámicos. Marduk, que en tiempos anteriores era conocido como Marutuk, era el dios protector de Babilonia. El auge de Babilonia durante la época de Hammurabi hizo que Marduk pasara de tener importancia regional a nacional en Mesopotamia. Marduk era considerado la divinidad principal del panteón babilónico, en contraste con los panteones anteriores estrictamente sumerios o acadios.

Se creía que el nombre de Marduk significaba el hijo de Utu, que era inmortal. Utu era el dios patrón de la ciudad de Sippar, lo que ha llevado a algunos a sugerir que Marduk, o Marutuk, se originó aquí y no en Babilonia. Aunque no todas las deidades patronas tenían funciones específicas en el panteón, Marduk sí. Se le asociaba con el agua y la vegetación, así como con el juicio.

Por supuesto, Marduk no sería el jefe de los dioses babilónicos si no tuviera una asociación con la magia. Marduk estaba casado con una diosa llamada Sarpanit. Era el heredero de Anu, pero el hijo de Ea (o Enki) y Damkina. El templo de Marduk en Babilonia era conocido como Esagila. La especie de Mjolnir de Marduk se llamaba Imhullu.

Mushhushshu

El Mushhushshu (también Mushkhushshu o Mushussu) era una serpiente o dragón furioso que servía de protector de los demás dioses del panteón sumerio.

El Mushussu es famoso por estar representado en la Puerta de Ishtar de la ciudad de Babilonia. Se trataba de una criatura con una apariencia muy singular. Tenía patas traseras que parecían las garras de un pájaro, pero tenía las patas delanteras de un gato u otra criatura felina. Tenía un largo cuello sobre el que se encontraba una cabeza en forma de serpiente con una lengua serpentina. Tenía cresta y escamas propias de un dragón.

El nombre de Mushussu se tradujo en acadio, pero se basó en una palabra sumeria anterior. Esta palabra se interpreta a veces como serpiente feroz, mientras que algunos sostienen que el nombre debería traducirse más correctamente como la serpiente del esplendor

. Algunos creen que esta criatura no era un mito que representaba la extraña amalgama de varias partes de otros animales, sino que en realidad representaba una criatura real que había vivido en la región. Algunos sostienen que el Mushussu era una representación estilizada de un animal extinto parecido a la jirafa, mientras que otros dicen que no está estilizado en absoluto: que el animal perdido hace tiempo existió realmente en la forma representada en la Puerta de Ishtar.

Nabu

Nabu era la divinidad patrona de la escritura y dios de los escribas. Los asirios y los babilonios adoraban a Nabú. Nabu aumentó su importancia en el periodo babilónico, especialmente hacia el año 1000 a.C. y posteriores.
Este dios fue identificado como el hijo del importante dios Marduk, lo que aumentó drásticamente su importancia durante este período. Nabu era un dios de la sabiduría. Se dice que fue el inventor de esa importantísima innovación de los mesopotámicos: la escritura. Se decía que Nabu, como patrón de la escritura, escribía los destinos de todos los hombres. Se le asociaba en esta función con otro dios, Ninurta.
La iconografía de Nabu lo representaba con un cuerno tapado. Como se ha visto, los cuernos eran una importante representación tanto de los dioses como del poder en

Mesopotamia, ya que esta iconografía aparece con frecuencia en dioses, diosas y demonios de esta región. Nabu fue representado con las manos juntas, un gesto asociado a los sacerdotes, una de las clases feudales más importantes de Sumer. Nabu montaba a Sirrush, que era un dragón. Sirrush pertenecía originalmente al padre de Nabu, Marduk. Para los babilonios, Nabu estaba asociado con el planeta Mercurio. Al igual que Inanna/Ishtar y otros, Nabu siguió siendo adorado en Mesopotamia hasta muy tarde.

Nergal

Nergal es un dios interesante por las referencias que se hacen de él fuera de los textos mesopotámicos. Nergal era un dios del inframundo. En muchos mitos se le describe como el consorte de Ereshkigal, que era la gobernante del inframundo y la hermana de Inanna, la reina del cielo.

La sede de culto de Nergal estaba en la ciudad de Cuthah, también conocida como Cuth. El culto a Nergal era muy tardío, y algunas de las imágenes más llamativas de él proceden de los partos. Los partos gobernaron un gran imperio multiétnico desde el año 200 a.C. hasta el 200 d.C. aproximadamente. Un relieve parto muestra a Nergal como un hombre con barba y pelo enroscado, que lleva un atuendo de estilo parto, sostiene armas en cada mano y lleva perros con correa. En este relieve, la consorte de Nergal, Ereshkigal, aparece en el fondo.

Nergal se menciona en la Biblia como la divinidad patrona de la ciudad de Cuth, que hoy suele conocerse como Cuthah. El equivalente babilónico de Nergal, según la Biblia, era Succoth-benoth. Los estudiosos del Talmud dicen que el nombre de Nergal significaba "gallo del estercolero" y que el símbolo de Nergal era el gallo. Sin embargo, se suele asociar a Nergal con el león como emblema. Nergal fue descrito como el hijo de Ninlil y Enlil. Sus hermanos eran Ninurta y Nanna.

Ninhursag
Ninhursag era una de las siete grandes divinidades de los sumerios. Era una diosa madre de las montañas de Sumer, lo cual es interesante ya que Sumer no era una región montañosa. Ninhursag tenía varios otros nombres, no como otros dioses de los sumerios y mesopotámicos.
Ninhursag también era conocida como Ninmah y Damgalnuna. Era sobre todo una diosa de la fertilidad. Ninhursag parece asumir algunas de las funciones de Inanna, ya que se la llama la Gran Dama del cielo. Se decía que los reyes sumerios se nutrían de la leche de Ninhursag.
La iconografía de Ninhursag la muestra con un casco con cuernos. Lleva una falda escalonada, algo que solía mostrarse en las diosas de la región, como Inanna, por ejemplo. Lleva armas, lo que indica su condición de divinidad mayor. Lleva una maza y en ocasiones va acompañada de un león.

Ninhursag estaba asociada a un símbolo que se parecía a la letra griega omega. La diosa egipcia Hathor también estaba asociada a este símbolo, y algunos han supuesto que este símbolo era en realidad un vientre estilizado. El templo principal de Ninhursag estaba en Eridu, aunque también tenía un templo en la ciudad de Kish.

Ninurta

Ninurta era el dios de la guerra en el panteón sumerio. También se le asociaba con los escribas, la agricultura, la caza y la justicia. Ninurta era un dios de los primeros tiempos. Originalmente era un dios de la agricultura que protegía a los seres humanos de las fuerzas demoníacas. Ninurta asumió un papel guerrero cuando la posición internacional de Sumer comenzó a crecer y la guerra se hizo más importante.

De hecho, en toda Mesopotamia, así como en otras zonas como Grecia, se observa un patrón de deidades que asumen un papel bélico acorde con las necesidades de la ciudad-estado o del pueblo. Incluso Atenea asumió el papel de guerrera como protectora de su ciudad de Atenas.

Ninurta también era conocido como Ningirsu y era hijo de Ninhursag y Enlil, aunque, a veces, se le describía como hijo de Ninlil y Enlil. Ninurta se convirtió en una importante divinidad de los asirios por los atributos guerreros que poseía en la época del Imperio Asirio.

El principal centro de culto de Ninurta había estado originalmente en Nippur, pero se convirtió en la ciudad de Kalhu a partir del periodo asirio. Ninurta también tenía un importante templo en Lagash que fue reconstruido por el rey Gudea. Ninurta era representado a menudo como un guerrero con alas que blandía un rayo. Aparece en varios mitos, como el del robo de la Tabla de los Destinos por parte de Anzu.

Nanna

Nanna, también conocida como Sin, era un dios de la sabiduría y la luna. Otros nombres para esta divinidad incluyen Suen. Nanna era el nombre sumerio. Sin era un nombre semítico que llegó a caracterizar a algunas de las otras sociedades que adoptaron esta divinidad después de los períodos sumerio y acadio.

Nanna era adorada a lo largo y ancho, ya que una divinidad con el nombre de Nanna también era adorada en el sur de la Península Arábiga.

Nanna era adorada en muchas ciudades, pero especialmente en la ciudad de Ur. El Zigurat de Ur estaba dedicado a Nanna, lo que indica la importancia del culto a esta divinidad. Nanna era llamada con el nombre de Señor de la Sabiduría o Enzu. Como los roles de los dioses en Mesopotamia cambiaban constantemente, en un momento dado, Nanna era considerado el dios más importante del panteón.

Como Sin, Nanna era llamado el Creador de todas las cosas y el Padre de los Dioses. Estos son nombres que se suelen dar a los jefes de los panteones, como Zeus y Odín, en los panteones griego y nórdico, respectivamente. Nanna estaba casada con Nergal, y fueron los padres de Inanna y Utu-Shamash. En la iconografía, Nanna-Sin aparecía luciendo una barba de lapislázuli. También se le mostraba montando un toro con alas.

Ninlil

Ninlil, o Mulliltu, es la consorte de Enlil, en un tiempo, el dios principal de los sumerios. Ninlil era llamada la Dama del Viento. Hay varias historias importantes sobre Ninlil. Fue preñada por Enlil mientras estaba tumbada junto al río. Después dio a luz a su hijo Nanna.

Como castigo, Enlil fue enviado al inframundo, donde Ninlil se unió a él. Allí dio a luz a su hijo Nergal, que se convirtió en la consorte de Ereshkigal, la Reina del Inframundo. También dio a luz en el inframundo a Nunazau, que al igual que Nergal, fue descrito como un dios del inframundo. Tuvo un cuarto hijo con su marido mientras éste estaba disfrazado de barquero; dio a luz a Enbilulu, que era un dios de las vías fluviales (canales y ríos). Ninlil también era conocida como Sud.

Pazuzu

Pazuzu era un dios demoníaco que protegía a los seres humanos de las fuerzas del mal y de la peste.

Sarpanit

Sarpanit era el nombre de la consorte del importante dios babilónico Marduk.

Gente de Escorpión

El Pueblo Escorpión era sirviente del dios Utu-Shamash.

Sin

El pecado era un nombre alternativo de Nanna, un dios de la luna.

Tiamat

Se apareó con el dios del mar de agua dulce, Abzu, para tener hijos que se convirtieron en los dioses y diosas más jóvenes de Sumer. Era una diosa de la ira que luchaba contra los dioses. Se la consideraba la encarnación del caos del periodo primordial. Aunque no se la describe como un gigante o una giganta, Tiamat se asemeja a los mitos posteriores de los Titanes de Grecia o los Gigantes (Jotun) del mito nórdico.

Tiamat tiene una interesante doble naturaleza. Representa la energía que impulsa la creación, ya que da a luz a importantes dioses del panteón. Pero Tiamat también representa el caos y la destrucción, y en esta forma, a veces se la identifica como un dragón o una serpiente. De nuevo, el mito de Tiamat y su marido Abzu (o Apsu) se parece al de los Titanes. Después de que Tiamat da a luz a hijos divinos, su marido teme que intenten atacarle, derrocarle y matarle. Apsu es asesinada y Tiamat hace la guerra contra sus hijos. Toma la forma de una serpiente marina gigante. Tiamat es asesinada por Marduk, pero antes de esto, da a luz a algunos monstruos. Estos monstruos incluían dragones que tenían veneno fluyendo en sus venas en lugar de sangre. Esto parece una inspiración para las venas llenas de ácido de los Xenomorfos de las películas de Alien de Ridley Scott. Todavía se discute si Tiamat debe ser descrita como una diosa o una dragona.

Usmu

Usmu era un dios mensajero y la divinidad de la ciudad de Ea. Era el ayudante del importante dios Enki.

Utu-Shamash

Utu, o Shamash, era el dios del sol. Esta divinidad también estaba asociada a la verdad, la moral y la justicia. En este sentido, Utu-Shamash parece ser similar al dios griego Apolo, que también estaba asociado con la justicia, la moderación y la moralidad, además de ser el dios del sol. Se trata de una conexión importante, ya que durante mucho tiempo se ha propuesto que Apolo no se originó con los griegos. Los estudiosos creían que la deidad solar original de los griegos era probablemente una mujer y que los invasores trajeron un grupo de dioses masculinos, incluida una divinidad solar masculina.

Utu-Shamash era el hermano gemelo de Inanna. Esto es fácil de recordar para aquellos que tratan de aprender las conexiones entre las divinidades sumerias porque Apolo era el hermano gemelo de Artemisa. Aunque Artemisa es distinta de Inanna, podría decirse que el culto a Artemisa en las regiones orientales del mundo griego, como Éfeso en Jonia, no era distinto de cómo se adoraba a Inanna como Reina del Cielo. Utu-Shamash aparece en varios mitos sumerios importantes. Por ejemplo, ayudó a Gilgamesh en sus batallas contra Humbaba, el ogro.

Utu-Shamash solía describirse como hijo de Nanna y Ningal, pero a veces se decía que era hijo de Anu o Enlil. Las principales ciudades dedicadas a Utu-Shamash estaban en Sippar y Larsa.

Capítulo 3: Cuentos de dioses y diosas

Todas las mitologías se componen de los relatos que se contaban sobre los dioses, diosas y héroes de la sociedad. En algunos casos, las historias de estos personajes se contaban oralmente, mientras que en otros casos, se inscribían. Sumer era interesante porque, a pesar de ser una sociedad tan primitiva, muchas de las epopeyas, poemas e historias estaban inscritas en cuneiforme, lo que ha permitido que estas historias se transmitan hasta el presente. En este capítulo, haremos una introducción formal al mito sumerio examinando varios relatos importantes de los dioses y diosas de Sumer. Entre ellos se encuentra el mito sumerio de la creación, centrado en una serie de los llamados nacimientos cósmicos.

Los nacimientos cósmicos

Los sumerios creían que el universo era una cúpula rodeada por un mar de agua salada. Tanto la tierra como el inframundo formaban parte de esta construcción, en la que también se encontraba un mar de agua dulce llamado Apsu. Las principales deidades de este universo primitivo eran An y Ki. An era el dios de los cielos, mientras que Ki era el gobernante del inframundo.

Con el tiempo, el concepto de inframundo evolucionó hasta convertirse en un lugar llamado Kur, gobernado por la diosa Ereshkigal. En un poema sobre Gilgamesh, Enkidu y el inframundo, se cuenta la historia de los nacimientos cósmicos, el comienzo de la vida.

En primer lugar, sólo existía Nammu, que es el nombre dado al mar desde los primeros tiempos. Fue la existencia de este mar primigenio la que iniciaría el proceso de los Nacimientos Cósmicos. El agua era importante simbólicamente para los mesopotámicos ya que el agua era necesaria para que la civilización tomara rumbo. El agua permitió la agricultura a gran escala en lugar de la mera caza, recolección y pesca para obtener alimentos. El agua dulce también permitió el surgimiento de asentamientos a gran escala llamados ciudades, que constituyeron la base de la vida cívica que caracterizó a las primeras civilizaciones.

De Nammu, el mar primordial, nacieron An y Ki, los primeros nacimientos. An era el dios del cielo (o los cielos) y Ki era la tierra. An se apareó con Ki para producir otros nacimientos. El primer nacimiento de Ki fue Enlil, que era el dios de la tormenta, el viento y la lluvia. Sería Enlil quien separaría formalmente el cielo de la tierra. Enlil tomó la tierra como su dominio mientras que An, o Anu, pudo retener el control del cielo.

Una última nota sobre los cielos. Los sumerios consideraban que los cielos estaban formados por varias cúpulas. En los mitos y poemas suelen ser tres, pero a veces llegan a ser siete. Estas cúpulas existían sobre la tierra, que se percibía como plana. La más baja de las tres cúpulas estaba hecha de piedra de jaspe y era la morada del cielo estrellado. La segunda cúpula estaba hecha de una piedra llamada Saggilmut, y era la morada de los Igigi. La más alta de las tres cúpulas estaba hecha de una piedra llamada luludanitu y An era la personificación de ésta.

Los otros cuerpos celestes principales eran Venus, que estaba encarnado por Inanna. El sol era el hermano de Inanna, Utu (o Shamash). La luna era Nanna, que era el padre de Utu e Inanna. Los seres humanos no iban al cielo, ya que éste era la morada exclusiva de los dioses. En cambio, los seres humanos bajaban a Kur, o Irkalla, cuando morían: un inframundo lleno de sombras.

Enki y la creación de la vida

La cosmología era muy importante para los sumerios. Eran astrólogos de gran talento y sus observaciones y nombres de las estrellas contribuyeron al conocimiento que existía en otras civilizaciones cercanas como los griegos y los egipcios.

El mito del nacimiento cósmico no era la única historia que estaba estrechamente ligada a los principios cosmológicos en los que creían los sumerios. Un concepto importante entre los sumerios era el de hieros gamos.

Hieros gamos es en realidad una palabra griega que se refiere a un matrimonio sagrado. Se trata de un matrimonio en el que los principios opuestos de lo masculino y lo femenino se combinan para dar lugar a la vida cósmica.

Esta creencia es otro ejemplo de un principio cósmico sumerio, pero también subyace la unión de An y Ki para dar a luz a Enlil y, posteriormente, a la vida. El cuento de Enki y Ninhursag, que se relatará en breve, explica cómo Enki vive con su esposa en Dimun, que es un paraíso. Enki es el señor de Ab, que significa agua dulce, pero que también puede referirse al semen masculino.

La idea del matrimonio sagrado existe en realidad en otras culturas fuera de Mesopotamia. En el hinduismo, existía un ritual en el que se dedicaba a las niñas a un templo, lo que se percibía como una especie de matrimonio con el dios que implicaba danzas y otros rituales. Para los griegos, el matrimonio de Zeus y Hera era el más importante de los matrimonios sagrados, y se representaba en las ceremonias, especialmente en la isla de Samos, donde se decía que se celebraba el matrimonio.

En Sumeria, era importante que los reyes contrajeran un matrimonio sagrado con la sacerdotisa de Inanna, que representaba la unión de la que surgiría la vida y el bienestar del pueblo en la ciudad-estado.

En un poema se dan muchos detalles sobre la tierra de Dimun a la que viaja Enki. Dimun se describe como un lugar limpio y puro. También era luminoso. Dimun casi se parece al jardín del Edén se presta mucha atención al hecho de que, en Dimun, los leones, lobos, perros y otros animales salvajes no mataban ni arrebataban. Los jabalíes tampoco devoraban el grano.

Enlil y Ninlil

Ninlil era la diosa consorte de Enlil. Ya hemos conocido a Enlil, que, en ocasiones, era el dios principal de los sumerios. Enlil era el hijo nacido de An y Ki, el cielo y la tierra, y sustituyó a su madre como gobernante de la tierra. Además, Enlil era responsable del viento, el aire y las tormentas. Enlil también es conocido como Ellil o Elil, y Nunamnir. La historia de Enlil y Ninlil está recogida en un poema de Sumer de 152 líneas. En él se describe la relación de Enlil y Ninlil.

El poema comienza con la ciudad donde se desarrolla la historia. El relato comienza en la ciudad de Nippur, que también se llamaba Dur-Jicnimbar. Esta ciudad fue bañada por las aguas del río Id-Sala, un río sagrado.

Kar-Jectina es el nombre de uno de sus muelles, mientras que Kar-Asar es otro muelle en el que se fabrican barcos rápidos. El canal sagrado de Nippur se llamaba Id-Numbir-Tum. Es un gran canal que se ramifica dando lugar a tierras muy cultivadas.

El poema continúa y Ninlil recibe instrucciones de su madre Nunbarsheganu para bañarse en el río, aunque se le advierte de los posibles avances de Enlil si se aleja del río. Enlil encuentra a Ninlil desnuda en la orilla del río y la embaraza. Les nace un primer hijo, Nanna, dios de la luna. Como consecuencia, Enlil es desterrado a Kur: el inframundo. Ninlil, curiosa por saber dónde ha ido Enlil, le sigue. En ese momento, Enlil se hace pasar por el guardián del inframundo y embaraza a Ninlil con un segundo hijo, Nergal.

Como se relató anteriormente, Ninlil es seducida por tercera vez y da a luz al dios Nunazu. El último hijo nacido como resultado de las seducciones de Enlil es Enbilulu, un dios que a veces se describe como el inspector de los canales.

El poema de Enlil y Ninlil concluye con un canto de alabanzas a los dos. Enlil, al que se llama de diferentes maneras, es alabado como rey, señor, señor supremo y otros grandes títulos. Es el Señor que hace crecer los productos de Sumer, y también es el señor de la tierra y del cielo. Es el Señor que dicta sentencias que no pueden ser quebrantadas, y el señor cuyas palabras pronunciadas no pueden ser alteradas. Ninlil también es alabada como madre junto al padre Enlil, como se le llama.

El Atra-Hasis

Atrahasis, o la Epopeya de Atrahasis, es el relato más completo del Gran Diluvio en la literatura mesopotámica. El relato fue adaptado como parte de la Epopeya de Gilgamesh, aunque algunos de los nombres de los personajes fueron alterados. El Atrahasis (también Atra-Hasis) fue escrito durante el periodo acadio. Recordemos que los acadios eran el pueblo que habitaba al norte inmediato de los sumerios propiamente dichos. Durante el período acadio, que comenzó con el rey Sargón, los acadios y los sumerios se unificaron en un solo estado conocido como el Imperio Acadio.

La Epopeya de Atrahasis fue escrita hacia el año 1800 a.C. Se escribió en lengua semítica acadia en tablillas de arcilla. El nombre indicaba que el contenido de las tablillas contenía una gran sabiduría. El contenido incluía una historia de la creación sumeria, así como la historia del Gran Diluvio. Atrahasis no era sólo el nombre de esta obra. El nombre también aparece en la Lista de Reyes Sumerios, lo que significa que indica un rey de una ciudad-estado sumeria; en este caso, la ciudad de Shuruppak. Este rey vivió en tiempos antediluvianos.

El Atrahasis comienza con los acontecimientos anteriores al Diluvio. Antes del Gran Diluvio o del Diluvio, los Siete Grandes Dioses de Sumer abusaban de los dioses menores Igigi con el trabajo, según el texto del Atrahasis. Los Siete Grandes Dioses de Sumer eran Enlil, An, Enki, Utu, Inanna, Ninhursag y Nanna.

Aunque a veces, se utiliza como un término sinónimo de Annunaki, Igigi en la Epopeya de Atrahasis se refería a los dioses menores que eran servidores de los Siete Grandes Dioses.

Los Igigi, o divinidades menores, se rebelaron unos 40 años después de que Enlil les encargara el trabajo agrícola. En lugar de castigar a los Igigi, Enki decidió engañar a los humanos para que hicieran el trabajo. Una diosa llamada Mami se encarga de crear a los humanos, lo que hace dando forma a figuritas de arcilla mezclada con sangre y carne.

Por último, los dioses escupen sobre la arcilla. Diez meses después, un vientre especialmente fabricado se rompe y los humanos cobran vida. Tras esta creación, la población humana se enfrenta a la superpoblación. Enlil, que es representado como cruel, envía una peste cada 1200 años para reducir la población. Finalmente, Enlil decide destruir a los humanos con un diluvio. Enki conoce este plan pero ha jurado guardar el secreto.

La tercera tablilla del Atrahasis contiene el mito del diluvio. Esta sería la tablilla que se adaptaría a la historia del diluvio en la Epopeya de Gilgamesh. Enki le cuenta a un héroe llamado Atrahasis el plan de Enlil. Le ordena a Atrahasis que desmantele su casa y construya una gran embarcación herméticamente sellada con betún. Cuando llega el momento, Atrahasis sube al barco que ha construido con su mujer, sus hijos y sus animales. Llega una tormenta tan intensa que incluso los dioses y diosas de Sumer se asustan. La inundación termina después de siete días.

Atrahasis se sacrifica a los dioses mientras Enlil se enfurece con Enki por frustrar sus planes de controlar a la población humana.

Enki y Ninhursag

Es la historia de cómo el agua puede dar vida a las tierras áridas. Los historiadores del mito creen que está relacionado con otros mitos y relatos sobre el fruto prohibido, como la historia de Adán y Eva en el Jardín del Edén. Como hemos visto, Enki era un dios que a menudo se asociaba con los ríos y las riberas. Después de que Enki impregnara a Ninhursag, ésta estuvo embarazada durante nueve días y luego dio a luz a Ninsar. Más tarde, Enki se encontró con Ninsar y, sin saber que era su hija, la embarazó también. Ella da a luz a una hija llamada Ninkurra. Enki se queda solo y finalmente se encuentra con Ninkurra. También engendra un hijo con ella, que es Uttu (no confundir con Utu).

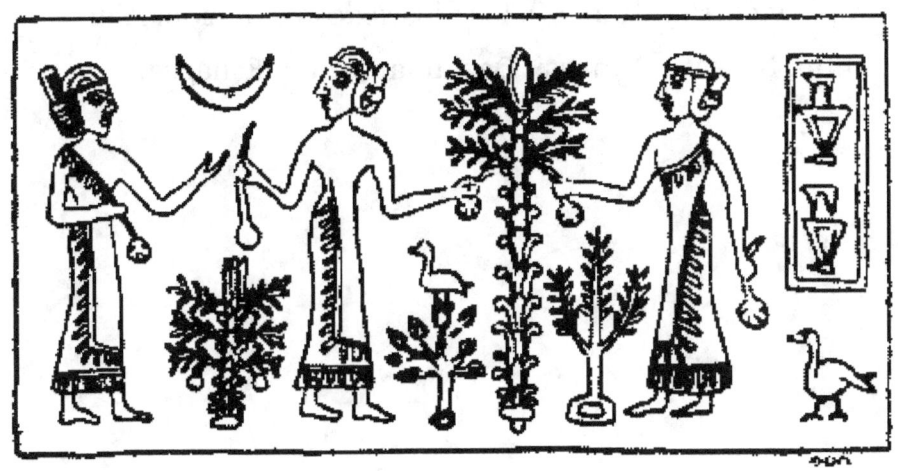

Enki se encuentra con Uttu e intenta engendrar un hijo con ella también. El nombre de Uttu significaba araña. Uttu conocía la reputación de Enki como seductor y acude a Ninhursag en busca de consejo.

Ninhursag le aconseja que evite las orillas de los ríos, que es una zona que Enki suele frecuentar. En una versión diferente de esta historia, Ninhursag toma el semen que Enki fecundó en el vientre de Uttu y lo utiliza para plantar ocho plantas de rápido crecimiento. Pero Enki no puede abandonar sus viejas costumbres. Come los ocho frutos, lo que le hace quedar embarazado. Experimenta un gran dolor al no tener un canal de parto por el que dar a luz. Un zorro aconseja a Enki que acuda a Ninhursag, la mujer a la que sedujo inicialmente, en busca de ayuda. Ella se ofrece a acoger a la descendencia en su propio vientre y da a luz a los dioses de la curación: Abu, Nintul, Ninsutu, Ninkasi, Daziuma, Ninti y Eshagag.

Capítulo 4: Las hazañas de Ninurta

Ninurta fue un importante dios de la mitología mesopotámica. Ninurta era el dios del trueno y de las tormentas. También era el dios de la primavera. Ninurta estaba asociado con el arado, las inundaciones y la agricultura en general. Recibía una devoción especial por parte de los agricultores. Su nombre en cuneiforme puede leerse como Anzu, y en la primera iconografía aparecía como un enorme pájaro. Con el tiempo se humanizó, pero el simbolismo de los leones, los pájaros y otros animales seguía estando asociado a él.

Ninurta era representado como un guerrero que utilizaba un arco y una flecha, así como una maza. En algunas imágenes monta un león con cola de escorpión. Era hijo de Enlil y Ninlil, aunque, en ocasiones, se le atribuyen otras madres. Estaba casado con Gula. Una de las historias más importantes de Ninurta fue la del robo de la Tabla de los Destinos por parte del pájaro Anzu. Las tablas contenían el destino de los dioses y de los mortales.

Las tablillas podían legitimar a un hombre que deseara ser rey. Ninurta se ofrece a ayudar a Enlil a recuperar las tablas. Ninurta lanza flechas al pájaro Anzu, pero la criatura utiliza la Tabla de los Destinos para invertir el tiempo, devolviendo las flechas a los estados en que se encontraban originalmente:

madera, plumas, etc. Finalmente, Ninurta consigue arrancar las alas del pájaro y devolver las tablas a Enlil.

Ninurta era un dios especialmente importante para los asirios. Construyeron enormes estatuas de él e hicieron muchas dedicatorias al dios. Algunos incluso incluían a Ninurta en sus nombres. Cuando el Imperio Asirio decayó y cayó (varias veces, de hecho), la imagen de Ninurta sufrió mucho. Al ser tan honrado por los reyes, su falta de protección hizo que el pueblo cuestionara su poder. La historia de Ninurta y la Tabla de los Destinos no es la única historia importante en la que Ninurta fue un personaje principal. Aquí conoceremos otros relatos de este importante personaje del mito sumerio.

Ninurta y Asag (incluyendo Ninurta y Ninmah)

Uno de los temas del cuento de Ninurta y la Tabla de los Destinos es que Ninurta era valiente. Fue la única divinidad sumeria que estuvo dispuesta a luchar contra el pájaro Anzu para devolver la tabla a Enlil, que era el jefe de todos los dioses. En un momento dado, se anima a Ninurta a viajar al inframundo para enfrentarse a Agag o Asag. Ninurta cae en este engaño (que algunos dicen que vino de su maza) y pronto aprende que Asag era una fuerza a tener en cuenta. Asag contaba con la ayuda de monstruos rocosos y animales vegetales que formaban todo un desafío para Ninurta. Ninurta intenta huir, pero su maza le recuerda su valentía y todas las grandes hazañas que ya ha realizado. Ninurta se da la vuelta y derrota a los guerreros que asisten a Asag, así como al propio Asag. La muerte de Asag supuso que las aguas bajo la tierra salieran del inframundo e impidieran a los agricultores cultivar. Ninurta construye un muro que acaba formando una montaña que atrapa una montaña. Ninurta es felicitado por su madre, Ninmah, que posteriormente recibe un nuevo nombre en honor a la montaña: Ninhursag.

Ninurta y la tortuga

A Ninurta se le atribuye la posesión de hechizos que pueden alejar las enfermedades, los demonios y otros males. Enki felicita a Ninurta por lo que ha hecho hasta ahora, pero esto sólo hace que Ninurta se enfade, ya que siente que no es suficiente para él.

Enki crea una enorme tortuga que se vuelve contra Ninurta. Comienza a morder los tobillos del dios. Se enzarzan en una batalla que da lugar a la formación de una gran fosa parcialmente excavada por la tortuga. Caen en esta fosa. Enki mira a Ninurta en la fosa y se burla de él. Le divierte que el dios sea roído por la tortuga. La historia pretendía humillar un poco a Ninurta en su orgullo.

El regreso de Ninurta a Nippur

El relato de Ninurta y Asag, en el que la maza de Ninurta, Sharur, le anima a ir al inframundo, aparece en una obra llamada el Lugal-E. Un compañero de esta obra es el llamado Angim Dimma, que narra el regreso de Ninurta a Nippur tras derrotar a Asag. Este relato alaba a Ninurta, comparándolo favorablemente con el dios Anu (o An). El relato comienza con el deseo de Ninurta de visitar a su padre Enlil en su corte de Nippur. Llega a visitar a su padre y a su madre vestido espléndidamente con un traje real. Un mensajero acude a Ninurta para decirle que su vestido es tan magnífico que sería conveniente rebajarlo un poco para presentar sus respetos a su padre. Ninurta deja algunas de sus armas, aunque no todas, y entra en el templo de Enlil. Aquí es felizmente recibido por los otros dioses de los Anunnaki.

Capítulo 5: Cuentos de reyes y héroes

En el mito sumerio existía una fina línea entre el rey heroico y el verdadero héroe. El rey era una figura idealizada en torno a la cual se erigía una historia de algún gran logro. Los poemas que se escribieron en la época sumeria alaban a estos héroes y reyes con una fórmula bastante definida. La repetición se utiliza para destacar las grandes cualidades de estos personajes. Se les alaba por su sabiduría, su fuerza, su lealtad y una serie de otros rasgos que debían considerarse necesarios para el país (o la ciudad-estado) o que merecían ser fomentados en la población: las personas que escuchaban estos relatos.

Enmerkar y el Señor de Aratta

Enmerkar fue un rey de Uruk, que se conoce como Unug o Kulaba en la serie de cuatro cuentos que tratan de sus hazañas. Algunos de estos relatos se tratan en este capítulo, mientras que otros se mencionan más adelante. Enmerkar participó en contiendas con el señor del rey de la ciudad de Aratta. En estas batallas el señor de Aratta intentaba conquistar Uruk y ocasionalmente Enmerkar intentaba conquistar la ciudad de Aratta. Enmerkar era una figura importante.

Se dice que fundó la ciudad de Uruk y que construyó un gran templo en Eridu. Enmerkar se asoció con el lenguaje y la escritura que se menciona a menudo en las fuentes antiguas. Es este último tema el que se menciona en el presente cuento. El cuento de Enmerkar y el Señor de Aratta tiene que ver con la llamada confusión de las lenguas en el mundo. Como el lector aprenderá, las versiones de algunas historias sumerias parecen ser muy similares a las historias que posteriormente aparecieron en la Biblia. El relato comienza con una descripción de Uruk y la relación entre Enmerkar e Inanna, a la que llaman la reina de todas las tierras. Enmerkar se corona a sí mismo en nombre de Inanna, pero a ésta no le hace mucha gracia. Enmerkar pide la ayuda de la diosa para someter a Aratta, y ella sugiere enviar un enviado al gobernante de allí para exigirle sumisión.

Enmerkar envía al enviado al rey de Aratta. El gobernante dice que no puede someterse a Enmerkar porque fue Inanna y sólo Inanna quien lo eligió para el cargo que ahora ocupa. Pero el rey queda desolado cuando se entera de que Enmerkar construyó un templo a Inanna y que la diosa fue la que prometió ayudar a someter a Aratta. El rey acepta someterse si Enmerkar le envía un gran suministro de cebada y le proporciona pruebas de que Inanna apoya a Uruk y no a Aratta. Enmerkar envía el grano solicitado, así como la promesa de enviar algunas piedras preciosas.

El rey de Aratta se enfurece y sólo acepta las piedras si Enmerkar las trae él mismo. Enmerkar pasa los siguientes 10 años creando un rico cetro de joyas que envía a Aratta con un mensajero. El rey de Uruk quiere entablar un combate uno a uno para demostrar qué rey es el más grande. Los mensajes van y vienen entre los dos reyes, lo que confunde al mensajero de Enmerkar, que no puede recordarlos todos. Por ello, Enmerkar inventa la escritura en tablillas para resolver el problema que ha surgido. El relato termina con Enmerkar triunfante y el pueblo de Aratta enviando tributos al templo de Inanna en Uruk.

Enmerkar y el Ensuhkesdanna

Enmerkar y el Ensuhkesdanna es esencialmente una continuación de la historia de Enmerkar y el Señor de Aratta. Forma parte de una serie de cuentos que tratan de la contienda entre Enmerkar y la ciudad de Aratta. Este cuento también se conoce como Enmerkar y el En-suhgir-ana. Otros relatos sobre el señor de Aratta no dan su nombre, pero en este cuento en particular, este gobernante es conocido como Ensuhkesdanna o En-suhgir-ana. Al igual que en otros relatos sobre este tema, Enmerkar es el rey de Uruk (llamado Unug de Kulaba en el relato), que se describe como algo que llega desde los cielos hasta la tierra.

El relato comienza con Ensuhkesdanna exigiendo que Enmerkar se someta a él.

También se jacta de tener vínculos más estrechos con la diosa Inanna que Enmerkar. El enviado transmite este mensaje a Enmerkar, quien responde que Inanna no se dignaría a pasar un rato con Ensuhkesdanna. En cambio, Enmerkar disfruta bastante de su compañía (y el relato se adentra en algunas descripciones interesantes sobre los devaneos entre Enmerkar e Inanna, incluyendo lo fuerte que grita la diosa cuando está disfrutando de las atenciones privadas de Enmerkar; ya saben a qué nos referimos). Al recibir este mensaje, Ensuhkesdanna se siente desamparado, pero jura no rendirse nunca en su lucha contra Enmerkar.

En ese momento aparece un hechicero llamado Urgirinuna que dice que puede hacer que Enmerkar se someta. El ministro principal acepta el plan del hechicero para desbaratar el importante ganado que Enmerkar guarda en la ciudad de Eresh. Pero las maquinaciones de Urgirinuna con el ganado fueron observadas, lo que hace que aparezca una hechicera para desafiarlo. Se enzarzan en una serie de concursos en los que la hechicera vence a los animales que Urgirinuna conjura con depredadores. La hechicera triunfa sobre el hechicero de Aratta y lo arroja al río Éufrates. Posteriormente, Ensuhkesdanna reconoce su derrota.

Sargón y Ur-Zababa
Sargón fue el fundador del Imperio Acadio. Una revisión de su vida se detallará ampliamente en un capítulo posterior que

trata de la religión y la civilización acadia.

Sargón, antes de convertirse en un gran rey y fundador de un imperio, fue copero del gobernante de Kish. Ese gobernante era el rey Ur-Zababa. El cargo de copero era un gran honor en la antigüedad, ya que proporcionaba a la persona que lo ejercía un acceso cercano al soberano. Recordemos que, en el mito griego, tanto Ganímedes como Hebe ocupaban el puesto de copero de los dioses del monte Olimpo, que ya entonces era un lugar de alto honor.

La historia de Sargón y Ur-Zababa se cuenta en un relato conocido como la Leyenda de Sargón. Este texto se considera la biografía de la vida de Sargón. En el texto, Ur-Zababa nombra a Sargón como su copero tras despertar de un sueño. Posteriormente, Ur-Zababa invita a Sargón a su alcoba para hablar de un sueño que tuvo Sargón. Este sueño se refería al favor que Inanna planeaba conceder a Sargón. Ur-Zababa queda asustado por el mensaje de este sueño. Posteriormente, Ur-Zababa envía a Sargón al rey de Uruk, el rey Lugal-zage-sir, con una tablilla en la que se le ordena matar a Sargón.

Capítulo 6: Cuentos de Inanna

Inanna fue la divinidad sumeria que apareció en más mitos y cuentos que ninguna otra. Fue un personaje mencionado con frecuencia en la importante Epopeya de Gilgamesh, y se la mencionó en la mayoría de las historias que involucraban a héroes como Lugalbanda y Enmerkar, y a villanos como el Señor de Aratta. Inanna era una deidad cuyo culto fue aumentando con el tiempo. Parecía poseer un poder irresistible que atraía a reyes y pueblos hacia ella.

En los cuentos en los que intervienen Enmerkar y el Señor de Aratta (una interacción que formaba parte de un ciclo de cuatro historias), se suele invocar a Inanna de forma lasciva.

Esto es interesante porque sugiere que el pueblo sumerio no consideraba ofensivas las referencias a las deidades femeninas involucradas en el sexo con la gente común, algo que probablemente no habría sido tan bien recibido por los griegos y los romanos. Como Inanna se menciona con tanta frecuencia en este libro, en este capítulo nos centraremos en dos historias que involucran a esta importante diosa que también era conocida como Istarte, Astarté, Ishtar y Ashtoreth. Se trata de los cuentos de Inanna y Ebih y de Inanna y el árbol de Huluppu.

Inanna y Ebih

Inanna y su hermano, el dios del sol Utu, eran importantes árbitros de la justicia en el mundo sumerio. Varios mitos que incluyen a Inanna la muestran en este papel y el cuento de Inanna y Ebih es uno de ellos. Este cuento también es conocido como la Diosa de los Temibles Poderes Divinos. Es un poema de casi doscientos versos, y fue escrito por el poeta Enheduanna que escribía en el periodo acadio. Como muchos relatos de este tipo (es decir, poemas épicos), este cuento en particular comienza cantando las alabanzas de Inanna. Era habitual que este tipo de relatos alabaran a un dios o a un lugar al principio de la obra.

Tras la alabanza a Inanna, la obra describe los viajes de Inanna por el mundo. Durante sus viajes, se encuentra con una montaña conocida como el Monte Ebih.

Esta montaña es elevada y hermosa; Inanna considera su existencia ofensiva para su propia dignidad. Supongo que hoy podríamos describir a Inanna como una persona con trastorno de personalidad narcisista. Dejando de lado las bromas, Inanna se lanza a un soliloquio en el que explica por qué está enfadada con la montaña y desea destruirla. Menciona que es elevada, hermosa, que presiona su boca humildemente en el polvo, y otras cosas. Inanna le pide a An que le permita destruir el monte Ebih. Inanna ignora la petición de An de que deje en paz a la montaña y la ataca de todos modos. Destruye la montaña y posteriormente vuelve a explicar por qué la atacó.

Inanna y el árbol Huluppu

La historia de Inanna y el árbol de Huluppu se encuentra en un conocido poema llamado Gilgamesh, Enkidu y el mundo de las tinieblas. Este poema se ha mencionado en otra parte de esta obra. Es una obra distinta de la Epopeya de Gilgamesh, que fue escrita cientos de años después de la recopilación de los poemas originales de Gilgamesh. En esta obra, Inanna es todavía joven e incluso más cabezota de lo que será después. La historia comienza con un árbol llamado Huluppu. Algunos estudiosos han identificado este árbol con el sauce llorón. Este árbol crece en las orillas del río Éufrates, e Inanna quiere trasladarlo a su jardín para darle forma de trono cuando termine de crecer.

El árbol crece en el jardín de Inanna en Uruk, tal y como ella quiere, pero con el tiempo se convierte en el hogar de una serie de criaturas desagradables; a saber, un pájaro Anzu, una serpiente sin encanto y una criatura llamada Lilitu en sumerio. Por cierto, Lilitu es el antecedente del personaje de Lilith que aparecerá más tarde en los textos judíos. Gilgamesh llega y mata a la serpiente que carece de encantos. En este relato, Gilgamesh es descrito como el hermano de Inanna. Después de matar a la serpiente carente de encantos, el Lilitu y el pájaro Anzu huyen. Los compañeros de Gilgamesh cortan el árbol huluppu y utilizan su madera para hacer el trono que quería Inanna. Posteriormente le dan el trono a Inanna. La propia Inanna fabrica dos objetos llamados mikku y pikku, que regala al héroe como recompensa por sus esfuerzos para ayudarla.

Capítulo 7: Cuentos de Nanna

Nanna era el dios de la luna en la mitología sumeria, y como tal, había una serie de mitos e historias importantes que se contaban sobre él. Como hemos visto, Nanna también era conocido como Sin o Suen. En realidad, Nanna y Sin eran originalmente dos deidades distintas. Nanna era la deidad sumeria. De hecho, el nombre cuneiforme de la importante ciudad de Ur era literalmente "la morada de Nanna". Nanna era una deidad muy antigua cuya importancia estaba estrechamente asociada a la ciudad de Ur. De hecho, algunos proponen que Nanna era considerada la deidad principal del panteón en la religión sumeria durante la supremacía de Ur (alrededor del 2600 a.C.).

El pecado fue originalmente una deidad semítica. Recordemos que el sumerio no era una lengua semítica y la infiltración de las lenguas semíticas en Mesopotamia se asoció con el período acadio y posterior. Durante el período acadio, el dios semítico Sin o Suen llegó a asociarse con Nanna. Había una iconografía particular asociada a este dios, que incluía la luna creciente y el toro, aunque el toro también estaba asociado a otras divinidades.

El nombre Suen se asocia especialmente al periodo asirio y hace referencia a una lámpara o fuente de iluminación que se asoció al dios de la luna ya en el periodo acadio.

Otro nombre de este dios es En-Zu, que en ocasiones se escribe en asirio como el número 30.

Los sacerdotes eran muy importantes en Sumeria y en toda Mesopotamia. Los sacerdotes del dios principal podían ejercer un gran poder. Durante el reinado del rey babilónico Nabonido, que reinó entre el 556 a.C. y el 539 a.C., nombró a su madre como gran sacerdotisa de Nanna en la ciudad de Harran, mientras que su hija fue nombrada gran sacerdotisa en la ciudad de Ur. Los historiadores afirman que este acto permitió al rey Nabónido consolidar su poder tanto político como religioso, al igual que Sargón pudo hacer en el Imperio Acadio casi 2000 años antes. Sargón también había hecho a su hija sacerdotisa de Nanna en Ur. Es importante señalar que, aunque Sargón está atestiguado ya en el 3500 a.C., fue uno de sus principales promotores durante su reinado, unos mil años después.

El viaje de Nanna a Nippur

Al igual que muchos otros poemas y relatos del mito sumerio, este cuento en particular comienza con el canto de las alabanzas a la ciudad de Nippur. Más tarde, Nanna carga su barco con todos los grandes productos de Ur, que planea mostrar a su padre en Nippur. Se trata de otro relato en el que los dioses se presentan como si hicieran las mismas cosas que la gente corriente, por no hablar de que tienen el mismo tipo de preocupaciones.

Algunas de las cosas que carga Nanna son animales, plantas y árboles. Navega río arriba con estas cosas, parando en cinco ciudades a lo largo del camino. En cada una de ellas es recibido y honra al dios de cada ciudad. Cuando por fin llega a Nippur, es recibido por el guardián de la puerta, que le da una gran bienvenida. Nanna es llevado a la presencia de su padre Enlil. Tiene un banquete con su padre y luego procede a hacer una serie de peticiones a Enlil. Le pide que los campos florezcan con una gran cosecha, que el río se llene de agua de dulce olor, que le dé buena suerte en la elaboración del vino y la miel, y que le conceda longevidad para participar en todos estos regalos. El dios Enlil accede a conceder estas peticiones y Nanna regresa posteriormente a Ur.

Otros cuentos de Nanna

Nanna tenía otras funciones además de su asociación con la luna y la fertilidad. Los babilonios creían que Nanna era la hija de Marduk, su dios principal. Fue Marduk quien colocó a Nanna (la luna) en el cielo. Los babilonios creían que los eclipses lunares se debían a que los demonios intentaban robar la luz de la luna, y Nanna tenía que ser diligente en la lucha contra ellos para permitir que la luna siguiera brillando sobre la tierra.

En uno de los relatos, se describe a Nanna como la encargada de juzgar a los muertos. Este es un papel que Nanna adquirió un poco más tarde en su culto.

La Reina de los Muertos era Ereshkigal, la hermana de Inanna, pero generalmente no se creía que Ereshkigal juzgara a los que habían muerto y llegado a su reino. El suyo era un lugar oscuro y sombrío. En una inscripción concreta, se dice que Nanna juzga a los muertos en el inframundo (o netherworld) y les ayuda a conseguir comida y bebida (cerveza) allí. Esto puede representar una nueva exploración de la vida cotidiana en el mundo subterráneo, o puede encarnar una ampliación del papel de Nanna como uno de los dioses más importantes del panteón sumerio.

Capítulo 8: La epopeya de Gilgamesh

La Epopeya de Gilgamesh fue un poema escrito hacia el año 1800 a.C. Se conoce como un poema épico porque cuenta la historia de un héroe y está escrito en un patrón poético. La historia se escribió en acadio, que en esta época era una de las principales lenguas de Sumer (ya había empezado a sustituir a la lengua sumeria en esta parte de Mesopotamia). La Epopeya de Gilgamesh es la historia de cómo Gilgamesh acude en ayuda de la diosa Inanna, pero luego la enfada. Inanna le regala a Gilgamesh un par de objetos, que él extravía. En este relato, Gilgamesh se entera por Enkidu de las condiciones del inframundo de Kur. Gilgamesh también derroca a su soberano, el rey Agga. Otros poemas de esta epopeya cuentan cómo Gilgamesh derrota a Huwawa, un ogro. Un último poema épico narra la muerte y el entierro de Gilgamesh. Gilgamesh era un rey de la ciudad de Uruk, que era una de las ciudades-estado más importantes de Sumer. Gilgamesh fue el héroe de la Epopeya de Gilgamesh, que en realidad era una serie de poemas. Estos poemas se escribieron en diferentes fechas, y algunos se encuentran en mejor estado de conservación que otros.

Se cree que el primero de estos poemas fue Gilgamesh, Enkidu y el mundo de las tinieblas. Este es el poema en el que Gilgamesh hace correr a las criaturas que rodean el árbol huluppu de Inanna. Tras la muerte de Enkidu, Gilgamesh se entera de las condiciones del "mundo de los infiernos".
La Epopeya de Gilgamesh se compone de varios poemas sobre la vida de Gilgamesh. La epopeya formal fue escrita por un escriba llamado Sin-leqi-unninni alrededor del año 1600 a.C., pero se basó en los poemas épicos que se habían escrito antes.

El Gilgamesh de la epopeya era un semidiós que tenía relaciones con Inanna (conocida en la época en que se escribió la epopeya como Ishtar). El verdadero Gilgamesh fue un rey que vivió entre el 2900 y el 2300 antes de Cristo. Esto lo situaría justo antes de la fundación del imperio acadio por el rey Sargón. Aunque no existen restos del reinado de Gilgamesh, un monumento del reinado del rey Ishbi-Erra de Sumer atribuye a Gilgamesh la construcción de las murallas de la ciudad de Uruk. Ishbi-Erra reinó hacia el año 1900 a.C.

Gilgamesh y Huwawa

Como muchos otros mitos sumerios, la Epopeya de Gilgamesh comienza alabando la ciudad en la que se desarrolla la historia. La epopeya se desarrolla en la ciudad de Uruk, que, según la epopeya, destaca por sus grandes edificios y la calidad de sus ladrillos. Gilgamesh es el rey de Uruk y un semidiós. El pueblo está descontento con la forma de gobernar de Gilgamesh, ya que les obliga a trabajar duro, y ruegan a los dioses que les envíen a alguien que les ayude. Los dioses envían a Enkidu, que vive en el bosque y no en la ciudad de Uruk con Gilgamesh y los demás habitantes de la ciudad. Enkidu se entera de la existencia de Gilgamesh a través de un hieródulo, y va a la ciudad de Uruk para desafiar a Gilgamesh a un combate. Gilgamesh gana el combate, y Enkidu y Gilgamesh se hacen rápidamente amigos. Los dos se proponen luchar contra Huwawa, un demonio que habita en el bosque de cedros.

El cedro era muy apreciado en esta época, y la costa oriental del Mediterráneo era famosa por sus cedros. Huwawa, también llamado Humbaba, es descrito como un gigante que fue criado por el sol, Utu. Huwawa era el guardián de este bosque de cedros en particular, que era la morada de los dioses. Huwawa había sido asignado a esta tarea por Enlil, y se decía que era el terror de los mortales.

Gilgamesh es quien quiere ir a ver a Huwawa para establecer su fama ya que no puede vivir eternamente. Gilgamesh engatusa a Huwawa para que le entregue su poder prometiéndole a sus hermanas como consortes del gigante. El gigante baja la guardia y es capturado fácilmente por Gilgamesh. El gigante pide clemencia, pero Enkidu convence a su amigo para que lo mate. La cabeza del gigante es colocada en un saco, que es entregado a Enlil. Enlil se enfurece, pero no castiga al héroe.

Gilgamesh y Aga

Gilgamesh vivía en Uruk cuando Aga (o Agga), el rey de Kish, le envió enviados. Gilgamesh convocó a los ancianos y les dijo que no debían someterse a Aga porque aún había trabajo por hacer en Uruk. Por ejemplo, había que terminar los pozos. La sugerencia de Gilgamesh fue que golpearan a Aga, el hijo de Enmebaragesi, con las armas. Los ancianos creyeron que como había trabajo que completar en Uruk, debían someterse a Aga.

Gilgamesh decidió no seguir el consejo de los ancianos. Estaba bajo la protección de Inanna, así que se dirigió a los hombres fuertes de la ciudad y les instó a usar las armas para luchar contra Aga. Los hombres fuertes de la ciudad dijeron que, como Gilgamesh había construido las murallas de Uruk, y como era un hombre fuerte y un guerrero, debía contraatacar. Creían que Aga huiría despavorida si Gilgamesh lo hacía. Gilgamesh le dijo a su amigo Enkidu que preparara sus armas para la batalla.

Aga sitió Uruk poco después. Durante el asedio, Aga y Gilgamesh intercambian palabras. Los guerreros reconocen a Gilgamesh como rey de Uruk. Gilgamesh envía a su antiguo señor de vuelta a Kish, pero reconoce la amabilidad que Aga ha tenido con él en el pasado. Aga regresa a Kish y se cantan las alabanzas a Gilgamesh.

Gilgamesh y Utnapishtum

Ishtar propone a Gilgamesh, pero él la rechaza. Simplemente no le interesa. Ishtar acude a su padre, An, y obtiene el Toro del Cielo para enviarlo contra Gilgamesh. Gilgamesh y Enkidu golpean al Toro del Cielo. Los dioses castigan a Enkidu con una enfermedad mortal. Enkidu se lamenta de haber dejado su bosque seguro para venir a la ciudad de Uruk y a Gilgamesh, pero el héroe le recuerda su amistad. Enkidu se alegra de haber conocido a Gilgamesh y de haber entablado una amistad con él. Enkidu muere y Gilgamesh lamenta su muerte.

En este punto, Gilgamesh conoce a muchas personas diferentes que le dan palabras de sabiduría. Gilgamesh busca a Utnapishtum, su antepasado, que vive en la desembocadura del río. Utnapishtum le dice a Gilgamesh que sobrevivió a las aguas de la inundación porque el dios Ea le avisó con suficiente antelación para que pudiera desmantelar su casa y construir un arca.

Posteriormente, los dioses concedieron a Utnapishtum la vida inmortal. Gilgamesh cree que él también debería recibir la vida inmortal. Utnapishtum intenta poner a prueba a Gilgamesh pidiéndole que permanezca despierto durante una semana, pero Gilgamesh fracasa en esta tarea. Utnapishtum le habla a Gilgamesh de una planta que puede darle la juventud. Gilgamesh va a buscar la planta a su ubicación en Dilmun (el actual Bahrain), pero la planta de la juventud es robada por una serpiente. Gilgamesh regresa a la ciudad de Uruk, donde ha abandonado sus sueños de juventud eterna.

Enkidu en el inframundo

Enkidu tiene una terrible visión del inframundo. En este poema no canónico de la epopeya, Enkidu ve el inframundo como realmente es. La visión que tiene Enkidu es sombría. Maldice a Shamhat por haberlo civilizado. Enkidu había comenzado el relato como un supuesto hombre salvaje que vivía fuera de lugares civilizados como Uruk. Más tarde,

Enkidu se retracta de la maldición que lanzó a Shamhat después de ser regañado por Utu. Fue Shamhat quien introdujo a Enkidu en los placeres que representa la civilización. Posteriormente, Enkidu es atacado por Inanna con una enfermedad y más tarde muere, siendo llorado por Gilgamesh.

Capítulo 9: Cuentos ligeros de dioses y héroes sumerios

Los héroes sumerios eran interesantes porque muchos de ellos, como Gilgamesh y Atrahasis, eran personas reales que vivieron como reyes antes de entrar en el reino del mito. En la Epopeya de Gilgamesh, sobre todo en la epopeya formal que se escribió cientos de años después de los poemas épicos originales (que constituyeron el material fuente), se describe a Gilgamesh como mitad hombre y mitad dios. Esto hace que Gilgamesh sea esencialmente un semidiós del orden de muchos de los héroes de los griegos.

Es interesante examinar la posición del semidiós en el mito sumerio como una especie de precursor de dos relatos específicos sobre héroes sumerios, en concreto los relatos relacionados con el héroe Lugulbanda. Un semidiós es, literalmente, alguien que no es del todo un dios, sino más que un hombre. Aunque el lugar del semidiós en la mitología canónica de Sumeria es similar al lugar del semidiós entre los griegos, en estos últimos el semidiós era un personaje con una identidad específica. Para ellos, el semidiós era el hijo de un dios o diosa por un mortal.

Mientras que los griegos consideraban que el linaje divino era importante, los sumerios consideraban que los grandes hombres se convertían en semidioses en virtud de sus grandes hazañas.

El resultado no es del todo diferente. Ciertamente, los grandes reyes y dinastías de las tierras griegas debieron reclamar un dios como antepasado para legitimar su papel. Así, mientras que los sumerios eran prácticos en este asunto -simplemente colocando a sus grandes hombres como iguales en estatura a los dioses-, parece que los griegos adulteraron un poco la historia y afirmaron que sus grandes gobernantes eran realmente hijos de dioses y, por tanto, verdaderos semidioses, y no sólo mortales excepcionales.

Lugalbanda en la Cueva de la Montaña

Lugalbanda es un ejemplo de semidiós sumerio. Aunque se le describe como una persona real, es decir, como el segundo rey de la ciudad de Uruk, se dice que reinó durante 1.200 años, lo que no es precisamente coherente con los mortales. En este sentido, este gobernante sumerio se hace eco de las historias que se cuentan sobre los faraones egipcios, muchos de los cuales tenían fama de haber vivido más de cien años. Ha sido difícil determinar si Lugalbanda era realmente una persona viva, aunque las pruebas sugieren que los sumerios lo percibían como real. Al fin y al cabo, figuraba en sus listas de reyes.

Lugalbanda en la cueva de la montaña es una historia que también se conoce como Lugalbanda en el desierto. Esta historia y otras sobre Lugalbanda pertenecen a un ciclo particular de mitos que tratan sobre los conflictos entre un rey llamado Enmerkar y otro rey que gobernaba la ciudad de Aratta.

La historia es bastante antigua, de alrededor de 2100 a.C., aunque las tablillas que se conservan en la actualidad son de unos trescientos años después.

La historia comienza con Enmerkar marchando hacia la ciudad de Aratta al frente de un gran ejército. Uno de sus soldados es Lugalbanda. Por desgracia para el guerrero, cae enfermo y sus hermanos lo abandonan en una cueva. Dependerá de los dioses que sobreviva a esta deserción o que muera. Lugalbanda reza a varios dioses, concretamente a Inanna, Shamash y Nanna. Reza para que lo curen de la enfermedad que lo aqueja. Los dioses responden a su oración y, finalmente, Lugalbanda puede salir de la cueva. Caza un toro y dos cabras salvajes antes de acostarse a soñar. Lugalbanda tiene un sueño en el que se le dice que ofrezca los animales a los dioses en sacrificio. Lugalbanda se despierta y hace lo que el sueño le ha ordenado. Aunque el resto del relato ha quedado oculto por el paso de miles de años, parece reflejar la doble naturaleza de los dioses, que son a la vez muníficos y a veces crueles.

Lugalbanda y el pájaro Anzu

Lugalbanda y el pájaro Anzu es una historia que sigue en secuencia a Lugalband en el desierto (o Lugalbanda en la cueva de la montaña). Este cuento también forma parte del ciclo de historias que involucran a Enmerkar en sus batallas contra un rey (cuyo nombre se ha perdido) de Aratta.

Al igual que el cuento anterior, éste fue escrito alrededor del año 2100 a.C. y los registros que quedan de él datan de alrededor del año 1800 a.C.

La historia de Lugalbanda y los pájaros Anzu comienza con el héroe viajando por las tierras altas. Se tropieza con el polluelo nacido del pájaro Anzu. Ya nos hemos encontrado con esta criatura, pero es esencialmente un águila gigante con cabeza de león. Lugalbanda alimenta al polluelo mientras su padre está fuera. Cuando el pájaro Anzu regresa, se asusta de que el polluelo no atienda a su llamada. Pero se entera de que Lugalbanda ha estado cuidando del polluelo y decide recompensar al héroe. El pájaro Anzu otorga a Lugalbanda la capacidad de recorrer grandes distancias en poco tiempo. Algo así como la capacidad de Superman de "saltar edificios altos de un solo salto", etc.

Con su nueva habilidad a cuestas, Lugalbanda regresa a su rey Enmerkar, que sigue asediando Aratta, pero tiene grandes dificultades en este empeño. Enmerkar desea ir a ver a Inanna para pedirle ayuda en el asedio.

Lugalbanda se ofrece a realizar el viaje, que puede hacer rápidamente gracias a la habilidad que le ha otorgado el pájaro Anzu. Cuando llega a Inanna, Lugalbanda recibe instrucciones sobre cómo el ejército puede vencer a la poderosa ciudad de Aratta.

Capítulo 10: El imperio acadio y la mitología

El primer imperio de Mesopotamia fue el de los acadios. Su estado está fechado entre el 2334 a.C. y el 2194 a.C. aproximadamente. El imperio acadio incluía Sumer propiamente dicho y las zonas del norte. Abarcaba la mayor parte del actual Irak; también incluía partes de Turquía, Siria y Kuwait. Akkad fue importante no sólo por ser el primer imperio que conocemos, sino también por el arte, la arquitectura, la religión y los avances que se exportaron a otras regiones. En este capítulo, consolidaremos nuestra comprensión de la sociedad y la religión sumerias examinando lo que algunos podrían considerar la cumbre de los logros políticos y culturales de los sumerios: el Imperio Acadio. Conoceremos la historia de uno de los grandes reyes de Mesopotamia, el rey Sargón, y exploraremos los detalles e historias que hacen del periodo acadio un periodo interesante aunque poco conocido.

Sargón de Akkad

Acad era el nombre de una ciudad y de una región. Es importante recordar que en estos primeros tiempos de Mesopotamia, e incluso después, las ciudades eran el centro de la vida religiosa y política.

La ciudad-estado era el principal sistema de gobierno de Mesopotamia, y seguiría siendo importante de forma intermitente durante milenios, aunque el surgimiento de imperios como el acadio, el babilónico y el asirio desvirtuarían un poco este énfasis en la ciudad-estado. En este sentido, la historia sumeria parece tener cierto parecido con la historia griega posterior. También en Grecia, la unidad política de la ciudad-estado acabó dando paso a reinos e imperios más grandes, como el de Macedonia y el de los seléucidas.

Por tanto, Sargón nació en un complejo entramado político que incluía ciudades-estado independientes y pueblos no sumerios que vivían muy cerca de los sumerios. Por ejemplo, el nombre de Akkad es de origen no sumerio, lo que parece indicar que al menos algunos de los pueblos de Mesopotamia en esta época, si no los propios acadios, no sólo no eran sumerios, sino que quizás ni siquiera eran mesopotámicos. La ciudad de Akkad estaba situada en la llanura entre los ríos Tigris y Éufrates, aunque no se ha identificado su ubicación exacta.

Sargón comenzó su estado derrotando a la ciudad-estado de Uruk, que estaba dirigida por un gobernante llamado Lugal-zage-si. Se cree que Lugal-zage-si es el único rey de la Tercera Dinastía de Uruk, que era quizás la más importante de las ciudades-estado sumerias de esta época. Sargón conquistó el estado de Lugal-zage-si, que incluye ciudades más pequeñas.

El propio Sargón era de origen humilde. Sargón, cuyo nombre significa "el rey legítimo", era hijo de un jardinero llamado Itti-Bel o La'ibum. Se cree que su madre era una hieródula de la diosa Inanna (o Ishtar). Una hieródula era una prostituta sagrada que servía a la diosa de diversas maneras en su templo. Otro mito afirma que la madre de Sargón era una muda, mientras que él no conoció a su padre. Esta leyenda afirma que la madre de Sargón se quedó embarazada y lo colocó en una cesta y lo envió río abajo. Lo encontró un hombre cuyo trabajo era sacar agua del río. Este hombre crió a Sargón, convirtiéndolo finalmente en su jardinero. La genealogía de Sargón se elaboró posteriormente para dar a sus antepasados un barniz de nobleza que no poseían en los primeros relatos.

Sabemos que Sargón comenzó su carrera como copero del rey de Kish, una importante ciudad-estado. Este rey se llamaba Ur-Zababa, y Sargón lo desplazó posteriormente. De hecho, el cargo de copero era aparentemente de gran importancia en la época, ya que situaba a su titular en estrecha proximidad con el rey. Según un relato cuneiforme, Sargón reinó durante 45 años. El relato generalmente aceptado es que en realidad reinó durante 56 años. Durante este tiempo, amplió enormemente su imperio. Por ejemplo, el rey Sargón invadió la región de Canaán y Siria cuatro veces.

El logro más importante de Sargón fue unir por primera vez las ciudades-estado de Sumer y Akkad. Esto convirtió a Mesopotamia en un centro político y económico sin igual. El comercio floreció en la región. La plata de Asia Menor y el cedro del Líbano se intercambiaban con el lapislázuli de las tierras altas del actual Afganistán y el cobre de Fenicia. La columna vertebral de la economía eran los productos agrícolas que llegaban de Asiria, situada al norte de Sumer.

Se erigieron imágenes monumentales de Sargón en toda Mesopotamia, incluso en las costas orientales del mar Mediterráneo. Sargón extendió su control más allá de Mesopotamia y del Mediterráneo oriental. Conquistó las regiones de Elam y Subartu. En los registros que creó para sus logros (en sus monumentos), Sargón se jactó de haber conquistado los cuatro barrios, que incluían Sumer, Asiria, Elam y Martu. Se ha sugerido que este rey reconstruyó la ciudad de Babilonia, aunque en esta época sólo habría sido un pequeño asentamiento.

Unificación de acadios y sumerios

En términos de religión, el periodo sargónico fue una época de unificación en más de un sentido. Por supuesto, los sumerios y los acadios se encontraron ahora políticamente unificados, pero también comenzó un período de sincretismo cultural y religioso que continuaría durante cientos de años.

Este proceso sería tan completo que, finalmente, el sumerio se vería sustituido por el acadio y otras lenguas no sumerias. Pero Sargón fue lo suficientemente inteligente como para no alienar religiosamente al pueblo sumerio. Prestó especial atención a honrar a Zababa e Inanna, que eran dos importantes dioses de los sumerios. Inanna era la reina del cielo muy venerada y la patrona de Sargón, mientras que Zababa era la divinidad guerrera de la ciudad de Kish.

La unificación iniciada por Sargón estaría plagada de dificultades. Estas dificultades aparecieron tanto durante la propia vida de Sargón como durante los reinados de sus sucesores. Numerosos reyes se rebelaron contra él y formaron coaliciones. Sargón consiguió derrotar a sus rivales una y otra vez durante su vida. Rimush y Manishtushu fueron hijos de Sargón que se convirtieron en reyes después de él. Ambos tuvieron que luchar en guerras contra rebeldes que pretendían derribar el imperio que su padre había construido. El imperio acadio experimentó una especie de renacimiento durante el reinado de un hijo de Manishtushi, Naram-Sin, que derrotó a sus rebeldes y continuó el proceso de unificación religiosa, económica y política que se estaba produciendo entonces en Mesopotamia. Sería unos 100 años después de la muerte de Naram-Sin cuando el Imperio Acadio se derrumbaría, dando paso a una época oscura para Mesopotamia. En esta época, el gobierno de la región volvió a ser el de las ciudades-estado locales que competían entre sí y se disputaban la influencia.

El matrimonio de Martu

Las Bodas de Martu es un relato del periodo acadio o inmediatamente posterior. Se ha datado en el periodo comprendido entre el 2200 a.C. y el 2000 a.C. aproximadamente. Se trata de un relato sobre Martu y su romance con una princesa. Martu era otro nombre de Amurru, que se convertiría en la deidad patrona de los amoritas que crearon el imperio babilónico. En la historia, Martu es descrito como un guerrero. No era raro que las deidades de estos primeros relatos se describieran como si fueran personas corrientes, aunque fueran adoradas por los devotos de la región.

Martu viaja a la ciudad en busca de una novia para él. Ve a una hermosa princesa y ella también se fija en él. Gana la mano de la princesa al vencer a un enemigo en una competición de lucha. Satisface a la familia de la princesa llevándole regalos. El padre de la princesa da su bendición a la unión. Un observador señala que Martu, como nómada de fuera de la ciudad, parece poco civilizado, pero a la princesa no le importa. Hay varios temas importantes en las Bodas de Martu. Uno de ellos es que el amor lo vence todo, pero otro es la importante relación entre los habitantes de la ciudad y la gente del campo. Era necesario que encontraran un terreno común si querían trabajar juntos en los imperios que se estaban formando en la región.

Capítulo 11: Veinte datos esenciales sobre la historia y la mitología sumerias

Primer dato. La civilización sumeria es la más antigua conocida en el mundo.

Sumer fue notable no sólo por sus logros. Sumer fue notable por ser capaz de concentrar tantos grandes logros en un solo lugar y tiempo. El registro histórico nos dice que los sumerios fueron la civilización más antigua, incluso más que los egipcios. Por supuesto, al ser la primera civilización, los sumerios vivían en grandes asentamientos urbanos donde construían grandes edificios llamados zigurats. Las primeras ciudades sumerias realizaron grandes avances que permanecen con nosotros hasta el presente.

Segundo hecho. Sumer se encuentra en una importante región geográfica conocida como Mesopotamia.

Mesopotamia significa la tierra entre los ríos. Sumer se encontraba en la parte sur de Mesopotamia, que era una tierra muy fértil porque se encontraba entre estos dos ríos y la tierra era plana y bien regada: perfectamente adecuada para las tierras de cultivo o de pastoreo.

Los ríos entre los que se encontraba la tierra mesopotámica eran el río Tigris y el río Éufrates. En la actualidad, la mayor parte de Mesopotamia se encuentra en la moderna nación de Irak, aunque también hay partes en Kuwait, Turquía y Siria.

Tercer hecho. Se cree que la transición de los humanos de la caza-recolección a la agricultura a gran escala se produjo en Sumer.
Es fácil dar por sentado que la civilización existe desde hace mucho tiempo. Si hubieras vivido en la antigua Sumeria, no habrías dado por sentada la vida civilizada. Habrías visto a tu alrededor la clara diferencia entre la vida en las ciudades y la vida fuera de ellas. Los sumerios incluso contaban historias sobre hombres que conocieron de primera mano estas diferencias. El principal avance que permitió a los hombres vivir en las ciudades fue el desarrollo de las prácticas agrícolas a gran escala. La transición a este tipo de prácticas comenzó aquí, por lo que la civilización también comenzó aquí.

Cuarto hecho. El sistema de escritura más antiguo del mundo se desarrolló en Sumer.
Los sumerios contaban muchas historias sobre cómo empezó la escritura. Una de ellas se refería a un rey que tenía que lidiar con los frecuentes mensajes que tenía que enviar de ida y vuelta con otro rey. En realidad, el lenguaje probablemente se desarrolló porque la vida en

Las ciudades habrían necesitado una forma de comunicarse rápida y eficazmente sin necesidad de mensajes hablados que podrían perderse en el recuento.

Quinto hecho. Muchos elementos comunes de las matemáticas y el cronometraje provienen de los sumerios.

Los sumerios son responsables de una serie de importantes avances en matemáticas y astronomía. Entre ellos, el minuto de sesenta segundos y la hora de sesenta minutos. Incluso dividían el año en doce partes, tal y como hacemos hoy en día.

Hecho seis. El panteón sumerio contaba con entre cien y trescientos dioses.

Los sumerios adoraban a un gran número de dioses. Hay varias razones interesantes para ello. Una de ellas es que cada ciudad-estado tenía su deidad patrona a la que construían un gran templo y había muchas ciudades. Otra razón es que, cuando las ciudades-estado se convirtieron en imperios, todos estos dioses diferentes se unieron en un único panteón.

Hecho siete. Con el paso del tiempo, los pueblos de Mesopotamia se amalgamaron tanto en términos de lengua como de prácticas religiosas.

Uno de los períodos más interesantes de la historia sumeria es el acadio.

El periodo acadio destacó por la amalgama de dos culturas distintas: la de Acad y la de Sumer. Ambos grupos tenían sus propias lenguas y dioses, y durante esta época se inició un periodo de unificación cultural y religiosa.

Hecho ocho. La región de Sumer estaba formada por varios imperios, como el acadio, el hurrita, el babilónico, el asirio y el persa.

La región de Mesopotamia destacó por los numerosos estados que crearon imperios en su fértil llanura. Aunque algunos de estos imperios eran extranjeros, no todos lo eran. Por ejemplo, los imperios acadio, asirio y babilónico pueden considerarse realmente estados mesopotámicos.

Noveno hecho. El sistema político original de Sumer consistía en ciudades-estado independientes.

La ciudad-estado era la unidad política original de Sumer. Tiene sentido, ya que la civilización implica la vida en la ciudad, y hay que empezar por las ciudades antes de llegar a los imperios. Incluso miles de años después, la ciudad siguió siendo la unidad política básica de Mesopotamia.

Hecho diez. Se cree que muchos de los héroes de Sumer, como Gilgamesh, Lugalbanda y Atrahasis, comenzaron como reyes históricos.

Lo interesante de la mitología es que, a menudo, se encuentra que los héroes del mito eran en realidad personas reales. Los historiadores creen que Gilgamesh, Lugalbanda y Atrahasis fueron reyes reales que vivieron en Sumer. Sargón es otro ejemplo de rey cuya vida quedó oscurecida por el mito.

Hecho once. La mitología y la historia sumerias son probablemente las que tienen más en común con las nórdicas en cuanto a los principales sistemas de creencias.

Los nórdicos eran otros pueblos que hacían hincapié en los héroes y las historias, así como en los relatos de dioses y hombres. De hecho, las sagas nórdicas son realmente historias de héroes, muchos de los cuales eran hombres reales. En este sentido, Sumeria tiene bastante en común con los nórdicos. También puede decirse que los sumerios tienen algunos puntos en común con los griegos. Los griegos también hacían mucho hincapié en los héroes, aunque la línea divisoria entre el héroe y el dios era muy clara en el mito griego y mucho menos para los sumerios.

Hecho doce. La posición de dios principal en el panteón sumerio cambió con el tiempo.

Un hecho interesante sobre los sumerios es que no tuvieron un dios principal estable a lo largo de su historia. A veces, su dios principal era Enlil; a veces, era Enlil o Anu, pero otras veces, era Marduk, Ashur, Nanna o Inanna. Esto es bastante singular en la historia, aunque refleja la realidad tanto de la política sumeria como del estatus cambiante de Mesopotamia en de los gobernantes. Como cada ciudad tenía su dios, a medida que una ciudad ascendía también lo hacía su dios. Este patrón se repitió más tarde, cuando los imperios sustituyeron a las ciudades-estado. Cuando un imperio ascendía, promovía a su propio dios.

Hecho trece. Cada imperio que existía en Mesopotamia promovía un nuevo dios principal en comparación con el imperio anterior.
Los babilonios promovieron a Marduk como su dios, mientras que los asirios promovieron a su dios epónimo Ashur. Estos dioses suplantaron a los anteriores dioses principales como Enlil y An que habían sido importantes en la región.

Hecho catorce. Se creía que todos los dioses de Sumer descendían de An (o Anu), que era el dios del cielo.
Los dioses de Sumer eran conocidos a veces como los Anunnaki. Se trataba de un panteón que reflejaba su descendencia del dios del cielo (o de los cielos), An. Los sumerios creían que la vida comenzaba en forma de nacimientos cósmicos. El dios Enlil nació del cielo, An, y de la tierra, Ki. Más tarde, Enlil suplantó a Ki para ser el dios de la tierra.

Hecho quince. Inanna fue el más longevo de los dioses sumerios, siendo adorado hasta el siglo XVIII de nuestra era.

Inanna era realmente una diosa fascinante. Se la llamaba Reina del Cielo y Dama de la Tierra. Era la hermana de la diosa del inframundo, Ereshkigal. Además, Inanna era la diosa del amor y la diosa de la guerra. Debió de tener cierto atractivo si duró tanto tiempo como lo hizo: literalmente sobrevivió a todos los demás dioses.

Hecho dieciséis. Inanna fue introducida en la mitología griega como Afrodita.

Los historiadores griegos comprendieron que Afrodita no era originaria de su pueblo. Había llegado a los griegos como Astoret, una diosa fenicia. Había llegado a través del comercio en los puertos fenicios (y griegos). Pero Astoret no era otra que Inanna, o Ishtar, una antigua y poderosa diosa sumeria.

Hecho diecisiete. Lugalbanda fue un rey de Sumeria que se cree que reinó durante 1200 años.

La línea entre héroe y dios era un poco borrosa en el mito sumerio. Los relatos sumerios contaban que a veces los reyes pedían ser inducidos como dioses. Generalmente se les negaba, aunque eso no les impedía reinar durante cientos de años, como si fueran dioses. Lugalbanda es un buen ejemplo de este tema.

Hecho dieciocho. La afición de los sumerios por la cerveza se encarnaba en una diosa suya llamada Ninkasi, la diosa de la cerveza.

Muchos relatos sumerios hablan de la bebida de cerveza o de la afición de algún personaje a la misma. No debería sorprender que los sumerios tuvieran un dios de la cerveza: Ninkasi. Muchos mitos sumerios descienden a meandros sobre la belleza de una ciudad o sus grandes monumentos; o sobre la grandeza de un templo o el dios al que pertenecía. Algunos relatos incluso empiezan a hablar de la cerveza. Imagínate.

Hecho diecinueve. Los sumerios utilizaron la escritura cuneiforme durante más de tres mil años, hasta la época de Jesús.

Lo interesante de la escritura cuneiforme sumeria es que siguieron utilizándola, y sus versiones, hasta el final de su civilización. Y lo hicieron a pesar de que se habían inventado nuevas formas de escritura que debían ser más fáciles de usar. Esto no es difícil de entender si se tiene en cuenta el significado religioso de la escritura y la importancia de preservar esta escritura religiosa en su forma original.

Hecho veinte. La historia sumeria se perdió hasta hace unos 200 años. Ahora, hemos podido reconstruir la historia sumeria con la ayuda de 500.000 tablillas que se han encontrado (algunas aún tienen que ser traducidas).

El desciframiento de las tablillas de arcilla nos ha permitido comprender el mundo sumerio con cierta rapidez. Es sorprendente pensar que aún quedan cientos de miles de tablillas por descifrar. Uno sólo puede imaginar las increíbles cosas que hay que aprender.

Lista de dioses, diosas y héroes sumerios

El panteón sumerio estaba repleto de dioses, diosas, demonios y monstruos que sumaban más de trescientos. Muchos dioses se sincretizaron con el paso del tiempo o vieron cambiados sus nombres. Por ejemplo, el culto a Inanna aumentó considerablemente con el paso del tiempo y se le conoció como Ishtar en Babilonia y Ashtoreth en Fenicia. Incluso las deidades principales de los sumerios cambiaron. En un momento, fue Enlil, en otro An, y en otros momentos, Ashur o Marduk. Aquí ofrecemos una referencia a los principales dioses, diosas y otros personajes del mito sumerio.

Deidades principales:
Enlil (o Ellil): la Gran Montaña, Señor del Viento, Padre de los Dioses
Anu (o An): dios del cielo
Enki: dios de la sabiduría, el agua y la creación; gobernante de la Tierra

Otras Deidades:
Adad: dios de las tormentas
Amurru: dios de los nómadas y señor de la montaña; dios epónimo de los amoritas

Anzu: un pájaro gigante que roba la Tabla de los Destinos

Apkallu: Uno de los siete sabios del mito babilónico

Ashur: El dios principal del pueblo asirio; a veces se le muestra montando una serpiente

Toro del **Cielo**: personaje que aparece en la Epopeya de Gilgamesh; Inanna convence a su padre Anu para que desate al Toro del Cielo contra Gilgamesh

Ea: dios de las aguas sobre las que flota la Tierra

Ereshkigal: diosa del inframundo; hermana de Inanna, reina del cielo

Gula: diosa de los médicos y de la curación

Inanna o Ishtar: diosa del amor, la guerra y la fertilidad

Lama: diosa de la protección personal o privada (igual que Lamassu, pero representada como mujer)

Lamassu: un toro o león con cabeza humana

Lamashtu: un demonio que se aprovecha de los niños

Mami: una diosa madre de la Epopeya de Atrahasis

Marduk: dios protector de Babilonia

Martu: nombre alternativo de Amurru, el dios epónimo de los amoritas

Mushhushshu: una serpiente o dragón furioso que sirve de protector de los demás dioses del panteón sumerio

Nabu: patrón de la escritura y dios de los escribas

Nanna: dios de la sabiduría y la luna; también conocido como Sin

Nergal: dios del inframundo; esposo de Ereshkigal

Ninhursag: diosa madre de Sumeria

Ninurta: dios de la guerra

Nanna: dios de la sabiduría y de la luna

Pazuzu: el dios demoníaco que protege a los seres humanos de las fuerzas del mal y de la peste

Pueblo Escorpión: servidores del dios Shamash (o Utu-Shamash)

Pecado: un dios de la luna

Tiamat: diosa de la ira que luchaba contra los dioses y que a menudo era representada como un dragón o una gigantesca serpiente marina; el Tigris y el Éufrates brotan de su cuerpo cortado por la mitad

Ugallu: un demonio con cabeza de león, cuerpo de humano y pies de pájaro; protege a los seres humanos de las enfermedades

Usmu: dios mensajero y dios de la ciudad de Ea

Utu-Shamash (o Shamash): Dios del sol; hermano de Inanna.

Héroes principales:

Enmerkar: un rey que se dice que gobernó entre 420 y 900 años

Etana: el legendario rey de la ciudad de Kish

Gilgamesh: héroe de la Epopeya de Gilgamesh; también rey histórico de la ciudad de Uruk.

Utnapishtum: un héroe del libro la Epopeya de Gilgamesh; se dice que es un antepasado de Gilgamesh

Preguntas frecuentes

1. **¿Quiénes eran los sumerios?**

   Los sumerios eran el pueblo de Sumer, una región de Mesopotamia. Mesopotamia era la zona situada entre dos ríos, el Tigris y el Éufrates. Esta región se encuentra principalmente en Irak, aunque también hay partes en Siria, Turquía y Kuwait. Esta región era muy fértil y los sumerios vivían en el aspecto más meridional de la misma. Los sumerios hablaban una lengua no semítica y escribían en una escritura cuneiforme también de origen no semítico.

   El lugar e incluso la definición de los sumerios comenzó a cambiar durante el periodo acadio. El periodo sumerio duró técnicamente casi 2000 años, comenzando en torno al 4000 o 4500 a.C. Los sumerios acabaron siendo sustituidos por un pueblo llamado acadios que vivía inmediatamente al norte de Sumer. El idioma sumerio tuvo que competir con el acadio, lo que provocó que los habitantes del imperio acadio (que controlaban tanto Akkad como Sumer) fueran en su mayoría bilingües.

2. ¿Qué fue lo más significativo del periodo sumerio?

Los sumerios fueron importantes por varias razones. Por un lado, muchos de los avances que asociamos con la vida moderna tienen su origen en los sumerios. Gran parte de nuestra comprensión de las matemáticas, la astrología y la contabilidad proviene de los sumerios. Los sumerios dividían el minuto en sesenta segundos y la hora en sesenta minutos. Dividían el año en doce partes y utilizaban las constelaciones del cielo para saber la hora y hacer predicciones sobre el tiempo.

Pero quizá el hecho más importante que hay que conocer sobre los sumerios y el periodo en el que vivieron es que los sumerios son considerados generalmente como la primera civilización del mundo. De hecho, puede decirse que inventaron la vida civilizada. Como eran maestros de la agricultura, la gente ya no tenía que dedicar su tiempo a buscar comida o a ocuparse de otras preocupaciones de supervivencia. Un pequeño número de personas podía ocuparse de las necesidades de alimentación de la población, mientras los demás podían dedicarse a otros asuntos. No podría haber comerciantes sin los avances agrícolas de los sumerios. De hecho, no podría haber matemáticos ni científicos sin los agricultores que llevaban el peso de la alimentación de la población sobre sus hombros. Tenemos que agradecer a los sumerios este cambio en la forma de vida de los humanos.

3. ¿Eran los sumerios y los acadios pueblos distintos?

No siempre es fácil comprender quiénes eran realmente los pueblos antiguos o de dónde procedían. Por ejemplo, a día de hoy, los historiadores no tienen del todo claro quiénes "eran" los antiguos egipcios ni de dónde procedían. Hablaban una lengua semítica distinta de otras lenguas semíticas. ¿Procedían de Oriente Próximo, de África o de ambos? Este tipo de preguntas son muy difíciles de responder porque nuestra concepción de la nacionalidad y la etnia es sólo eso: moderna. Los pueblos del pasado no eran tan "puros" como la gente de hoy en día quiere pensar que lo son en sus propios grupos. La mayoría de los pueblos eran en realidad una mezcla de los muchos pueblos diferentes que pasaron por la región.

Por supuesto, esto no responde a la pregunta sobre los sumerios y los acadios, así que también lo haremos. Los sumerios y los acadios eran pueblos distintos. Los sumerios hablaban una lengua distinta a la de los acadios. También vivían en regiones distantes, aunque tanto Sumer como Acad se encuentran ahora dentro de la moderna nación de Irak y ya no son cultural o étnicamente distintas. Se ha hablado mucho del bilingüismo del periodo imperial acadio, que atestigua el hecho de que Akkad y Sumer eran originalmente distintas hasta que las preocupaciones políticas acabaron provocando una amalgama de estos pueblos, un fenómeno que seguiría siendo común en Mesopotamia.

4. ¿Qué lengua se hablaba en el periodo acadio?

Durante el periodo acadio, se hablaban dos lenguas. Estaba la lengua sumeria original, que tenía su propia forma de escritura. Y también estaba la lengua acadia, que era una lengua distinta con su propia forma de escritura. Como el acadio no podía suplantar al sumerio en los primeros años debido a la importancia religiosa y cultural del sumerio, muchas personas de la época habrían sido bilingües en sumerio y acadio; al menos esto es lo que creen los historiadores hoy en día. A medida que las culturas y los dioses se sincretizaban, el sumerio como lengua acabaría desapareciendo.

5. ¿Quiénes eran los amorreos y por qué eran importantes?

Los amoritas eran un pueblo semítico cuyas tierras se encontraban fuera de Mesopotamia. Concretamente, vivían en las "estepas" y laderas de las montañas al oeste de Sumer, por tanto, a lo largo del mar Mediterráneo oriental. Los amorreos han sido cooptados por teóricos con diversas agendas a lo largo de los años, pero hoy sabemos que eran un pueblo claramente semita que quizá era idéntico a los cananeos que habitaban la región del Levante meridional antes de la llegada de los judíos desde Egipto.

Amurru era el nombre tanto de un pueblo específico (que hoy conocemos como los amorreos) como del dios que adoraban. Este dios también se llamaba Martu, y su ciudad importante se llamaba Ninab. Como muchas otras ciudades de la región, los historiadores y arqueólogos desconocen la ubicación exacta de esta ciudad. Amurru y Martu están documentados en textos en lengua acadia y sumeria.

Amurru era considerado el dios del pueblo amorreo. Los amoritas eran originalmente un pueblo tribal e incivilizado que vivía al margen de los imperios acadio y neosumerio. Eran pastores y a menudo se les denominaba gente de la montaña o de la estepa. Por esta razón, Amurru (el dios) también se denominaba señor de la montaña o señor de la estepa.

6. ¿Quién era el dios principal de los sumerios?

No es una pregunta sencilla de responder. De hecho, es una pregunta más difícil de responder para los sumerios que para los griegos, los romanos o los nórdicos. Los griegos tenían a Zeus y los nórdicos a Odín. Bastante sencillo. Pero en el caso de los sumerios, los dioses principales cambiaban según los gobernantes que estuvieran en el poder y la ciudad que fuera el centro de la civilización.

Generalmente se considera a Enlil como el dios principal sumerio, pero propiamente eso sólo es cierto para la civilización temprana de Sumer y el período acadio. Incluso durante esta época, dioses como An o Enki rivalizaban en importancia con Enlil o incluso lo superaban. Para los asirios y el período asirio en Sumer, Ashur era la deidad suprema. Durante el período babilónico, el dios principal habría sido Marduk. Con el tiempo, Inanna creció en importancia hasta convertirse en la divinidad más adorada de Mesopotamia. Como se puede ver, los mesopotámicos no tenían realmente un Zeus o un Odín que ocupara un lugar estable en su civilización. Su panteón se abría constantemente a nuevos dioses, y el dios principal se adaptaba a los gobernantes que controlaban Sumer y a lo que era su ciudad principal (y su divinidad).

7. ¿Se hace referencia a las divinidades mesopotámicas fuera de la región de Mesopotamia?

Una serie de divinidades sumerias fueron referenciadas en los registros de las regiones vecinas. En algunos casos, se adaptaron a ser dioses de estas regiones, mientras que en otros se mencionaron por estar en conflicto con los dioses locales o la población local. Por ejemplo, la Biblia y el Talmud hacen referencia a varias deidades extranjeras, incluidas las sumerias. Ba'al era un dios cananeo, pero su nombre sólo significaba "señor" y varios dioses mesopotámicos podrían haber sido equiparados con Ba'al. Nergal es una divinidad interesante por las referencias que se hacen de él fuera de Mesopotamia.

Nergal era un dios del inframundo. Se le describe en muchos mitos como el consorte de Ereshkigal, que era la gobernante del inframundo y la hermana de Inanna, la reina del cielo. La sede de culto de Nergal estaba en la ciudad de Cuthah, también conocida como Cuth. El culto a Nergal era muy tardío, y algunas de las imágenes más llamativas de él proceden de los partos. Los partos gobernaron un gran imperio multiétnico desde el año 200 a.C. hasta el 200 d.C. aproximadamente.

Nergal se menciona en la Biblia como la divinidad patrona de la ciudad de Cuth, que hoy suele conocerse como Cuthah. El equivalente babilónico de Nergal, según la Biblia, era Succoth-benoth. Los estudiosos del Talmud dicen que el nombre de Nergal significaba "gallo del estercolero" y que el símbolo de Nergal era el gallo. Nergal solía asociarse con el león como su emblema. Nergal fue descrito como el hijo de Ninlil y Enlil. Sus hermanos eran Ninurta y Nanna.

8. ¿La mitología sumeria se limitó a Mesopotamia?

Mesopotamia era una región que no sólo limitaba con muchos pueblos importantes, sino que también contenía una serie de pueblos que formarían imperios propios a lo largo de los siglos. Los sumerios y los acadios eran dos de los grupos importantes dentro de Mesopotamia, pero también estaban los asirios, los hurritas, los caldeos (babilonios) y otros. Parte de lo que hace que este panorama sea tan complicado es que algunos de los pueblos posteriores, como los babilonios, eran probablemente amalgamas de pueblos anteriores que habían estado en la región. Así, el surgimiento de Babilonia se asoció con el pueblo amorreo, que en realidad no procedía de Mesopotamia, sino de Canaán/Fenicia. Es poco probable que los amorreos hayan sustituido totalmente a los pueblos que vivían en Babilonia y otras ciudades de Sumer y Acad, por lo que los babilonios posteriores fueron probablemente el resultado de matrimonios mixtos entre sumerios, acadios, amorreos, asirios y cualquier otra persona que se encontrara en la región. Los historiadores intentan distinguir entre los llamados pueblos indoiranios e indoeuropeos en Mesopotamia, pero esta es una discusión que realmente desciende a la semántica. Algunos historiadores incluso estudian los restos neandertales de la región e intentan hacer asociaciones sobre ese linaje.

La mitología sumeria no se limitó a Mesopotamia. Pero, como hemos visto, la imagen de quiénes eran mesopotámicos y quiénes no lo eran se complicó por las oleadas de invasiones y asentamientos. Recordemos que Mesopotamia no sólo es una región fértil, sino que se encuentra a caballo entre los continentes de Asia, Europa y África. Los dioses mesopotámicos salieron fácilmente de Mesopotamia. Por supuesto, el ejemplo más obvio de esto fue Inanna-Ishtar-Ashtoreth, pero también hubo otros.

9. ¿Cuál era la cronología de la civilización y la mitología sumeria?

La cronología de la civilización y la mitología sumerias fue muy larga y compleja. Los primeros brotes de la civilización sumeria comenzaron hace más de 6000 años. La civilización sumeria comenzó como ciudades-estado en las que se adoraba a una deidad patrona (o a unas pocas). A medida que la civilización sumeria se fue desarrollando, y la política de la ciudad-estado comenzó a ser reemplazada por imperios -primero el acadio, luego el babilónico, el asirio y otros- los dioses comenzaron a formar parte de panteones cada vez más grandes. Así, el puñado de dioses de las ciudades-estado acabó dando paso al panteón de más de 300 dioses de los imperios de la Mesopotamia posterior.

Se puede decir que la civilización en la región de Sumer duró hasta el surgimiento del Islam. Podemos situar la islamización de la región como el final de la mitología, porque fue entonces cuando dioses como Inanna dejaron de ser adorados. De hecho, los dioses mesopotámicos tuvieron un tirón tan fuerte que muchos de ellos fueron adorados en Persia y a veces se les etiqueta erróneamente como dioses persas. Resulta tentador intentar comparar la historia sumeria con la de los griegos o incluso con la de los nórdicos del norte de Europa. Incluso comparada con estas elaboradas mitologías, la sumeria destaca por ser singular y agotadora. Incluso la lista de las deidades más importantes cambió con el tiempo, algo que no puede decirse de los griegos o los nórdicos.

10. ¿Por qué empezó la civilización en Mesopotamia?

Hay varias razones por las que la civilización comenzó en Mesopotamia. De hecho, el primer ejercicio académico aquí es reconocer que la mayoría de las pruebas que tenemos hoy en día apuntan a Mesopotamia como la cuna de la civilización, una designación que la región ha tenido literalmente durante miles de años. Por supuesto, nunca sabremos si la civilización comenzó en otro lugar, pero esa zona está tan enterrada bajo las ciudades o los océanos que no tiene restos. Si usted ve mucha televisión por cable, puede incluso creer que la civilización comenzó en otro planeta y fue traída aquí por los extraterrestres.

Pero volvamos a Mesopotamia. La civilización comenzó en Mesopotamia porque: (1) la ubicación fértil era perfecta para la agricultura; (2) los amplios suministros de agua dulce de dos ríos permitían mantener a una gran población; (3) las avanzadas tecnologías agrícolas permitían destinar la mano de obra a áreas ajenas a la agricultura; (4) la ubicación central de Mesopotamia probablemente permitió un intercambio de ideas que condujo al desarrollo de la civilización, a diferencia de lo que ocurría en áreas más aisladas.

11. ¿Cuáles son los aspectos únicos de la religión sumeria?

La religión sumeria era única en el sentido de que muchos dioses tenían cualidades antropomórficas. Los dioses pueden ser representados con cuerpos de animales. Pueden tener las alas de un animal pegadas a su cuerpo. O pueden tener los pies de un pájaro. La religión sumeria también era única por el grado de sincretismo que permitió combinar diferentes dioses con el paso del tiempo. Esto significaba que, en muchos sentidos, la religión sumeria cambiaba constantemente. A diferencia de Grecia, donde la relación entre los dioses era relativamente fija, en la religión sumeria las relaciones de los dioses entre sí podían cambiar. El nombre y la identidad de la esposa de un dios podían cambiar, o un dios podía ser hijo de un dios diferente al que había sido antes.

También es interesante señalar que algunos de los mitos sobre los dioses sumerios hablan de ellos como si fueran personas corrientes que han vivido o reyes. Pueden ser descritos como nómadas que viajan de este a aquel lugar. O como reyes que visitan ciudades, personas y otros lugares. Esto sugiere que quizás algunos de los dioses sumerios eran hombres y mujeres que se inmortalizaron a través del mito. Otra teoría es que para los sumerios era importante que sus dioses se parecieran a ellos mismos de alguna manera.

12. ¿Pueden equipararse los dioses de Mesopotamia con los egipcios, griegos o romanos?

Es difícil crear un sistema que alinee a los dioses de Mesopotamia con los de otras mitologías como la griega o la egipcia. Los dioses mesopotámicos no sólo eran distintos de los dioses de otros panteones, sino que estaban en un estado constante de cambio. La deidad principal sumeria no fue consistente a lo largo del periodo sumerio, por lo que no podemos decir, por ejemplo, que Enlil era el dios principal sumerio, por lo que debería ser equiparado con Zeus, etc. Enlil fue el jefe del panteón durante un tiempo, pero en épocas posteriores, los dioses principales fueron An (o Anu), Marduk, Ashur, e incluso Inanna.

13. ¿Algunos de los dioses de Mesopotamia llegaron a otras mitologías importantes?

Se ha argumentado que algunos de los dioses masculinos mesopotámicos pueden haberse infiltrado en los panteones de otros pueblos, incluidos los fenicios e incluso los griegos. A veces resulta difícil equiparar un bien con otro incluso en este contexto debido a la confusión de nombres o títulos. Por ejemplo, el título Ba'al, que significa señor, se utilizaba para referirse a múltiples deidades mesopotámicas diferentes. Sin embargo, un ejemplo destacado de una deidad que pasó a formar parte de otros panteones es Inanna, a la que se conocía con un nombre diferente según quién la adorara.

14. Ishtar parece ser el más famoso de los dioses y diosas sumerios o mesopotámicos. ¿Por qué?

Ishtar parece llenar una necesidad que existía en el Cercano Oriente y otras regiones. Ishtar, o más bien Inanna, era una diosa con un fuerte elemento sensual. No sólo era una diosa del amor, el sexo y el deseo, sino que incluso era una diosa de la guerra. Hay imágenes en las que se muestra a Ishtar, o Inanna, blandiendo armas para dirigir ejércitos en la guerra. Al mismo tiempo, puede llevar una falda que muestra sus piernas o la sensualidad de su cuerpo.

Parece apropiado que los griegos adoptaran una versión de Ishtar en su panteón. Se trata, por supuesto, de Afrodita, que asumió un importante papel como diosa del amor para los griegos. Aparece en varias historias significativas, como la del Juicio de Paris y la Guerra de Troya. Curiosamente, en el mito griego, Afrodita no solía estar asociada a la guerra. Parece que esta versión de una diosa fuertemente sensual puede haber sido un poco más de lo que los griegos podían tolerar. Sea como fuere, Ishtar parecía beneficiarse no sólo de la prominencia del papel que desempeñaba, sino de la importancia de ciudades como Babilonia y otras en las que era muy valorada.

15. A veces, los dioses y personajes de la mitología resultan ser reales. ¿Era real algún personaje del mito sumerio?

Esta es otra cuestión interesante. La prevalencia de nombres compartidos entre los dioses y las listas de reyes sugiere que, o bien algunos de los dioses eran reyes reales que vivieron, o bien los reyes tomaron su nombre de los dioses. Otra opción es que las historias mitológicas se crearon para glorificar a los reyes que gobernaban ciudades importantes. Este parece ser el caso del mito de Atrahasis, ya que se ha demostrado que Atrahasis era un rey de una importante ciudad sumeria en un periodo temprano.

16. ¿Por qué es importante conocer la historia de Sumer al estudiar la mitología sumeria?

Uno de los aspectos más notables de la mitología sumeria es que constantemente se añadían más dioses al panteón. Además, el papel de este dios podía cambiar. Conocer un poco la historia sumeria permite entender por qué un dios aumentó su importancia durante un periodo de varios siglos mientras que otro dios declinó. Ya hemos visto cómo Enlil y Anu experimentaron un relativo declive en su importancia, cediendo gran parte de su posición a deidades regionales como Ashur, Marduk, Amurru y otros. Esta discusión constituye una buena advertencia para la siguiente pregunta.

17. ¿Por qué los dioses y diosas sumerios estaban asociados principalmente a las ciudades?

Sumer y Mesopotamia eran una región de grandes ciudades. Deberían llamarse más bien ciudades-estado porque, en los primeros tiempos de la historia de Mesopotamia, estas grandes ciudades dominaban franjas de territorio circundantes. Estas ciudades tenían sus propios dioses que patrocinaban. Estos dioses estaban estrechamente relacionados con la fortuna de la ciudad. Si una ciudad tenía éxito, se creía que se debía a la intercesión del dios. Si el dios fracasaba, podía interpretarse que el dios había abandonado la ciudad o que el dios era débil.

Este tipo de idea cívica parecía estar muy arraigada en la región de Oriente Próximo. Incluso en la Biblia, hay referencias a que el Dios de Israel es más grande que este o aquel dios. Esto refleja la creencia que se tenía entonces de que el dios era la encarnación de la fuerza y la vitalidad del pueblo. Y como los pueblos de la Mesopotamia primitiva estaban agrupados en ciudades-estado, esto significaba que los dioses abogaban por las ciudades. Las ciudades construían grandes y elaborados templos para su dios. Si una ciudad concreta fundaba un imperio conquistando otras ciudades, ese dios de una ciudad se convertía en un dios importante del panteón, sin dejar de estar asociado a un lugar concreto.

18. ¿Es Anu el equivalente a Zeus? Si no lo es, ¿quién lo es?

Anu, o An, era un dios del cielo. Resulta tentador equiparar a Anu con Zeus, pero hay que tener cuidado de no dejarse llevar por el mal camino. Aunque Anu era uno de los siete grandes dioses de Sumer (e incluso uno de los tres dioses principales), Enlil era percibido con frecuencia como más central e importante en el mito que Anu. Por esta razón, equiparar a Anu con Zeus resulta difícil, ya que Zeus era el rey de los dioses. Tanto Anu como Enlil engendraron a otros dioses, por lo que se podría decir que como Padre de todo o líder del panteón, Enlil es más adecuado que Anu. Anu podría incluso ser visto como una especie de Cronos: líder de los Titanes y padre de Zeus.

19. ¿Por qué la mitología sumeria es tan poco conocida en comparación con las mitologías de otras regiones?

Una de las razones es la relativa complejidad de los dioses sumerios. Había cientos de ellos y sus funciones en la vida sumeria cambiaron a lo largo de los tiempos. Ishtar (o Inanna) es conocida por muchos hoy en día porque su nombre aparece a veces en las lecciones escolares, pero la mayoría de los dioses sumerios son desconocidos. Otra razón de la oscuridad de la mitología sumeria es que estos dioses están muy alejados de la vida moderna, tanto culturalmente como en términos de tiempo. No suelen aparecer en las películas, programas de televisión o libros occidentales, por lo que resultan extraños y fascinantes.

20. ¿Qué impacto ha tenido la antigua civilización sumeria en la vida actual?

Muchos avances del periodo sumerio los aprovechamos hoy en día. Los historiadores consideran a los sumerios responsables del minuto sesenta, la hora sesenta, el año dividido en doce meses e incluso la práctica moderna de la producción agrícola extensiva. De hecho, no había ciudades antes de los sumerios porque el pueblo sumerio de Mesopotamia fue el inventor de la vida cívica. Fueron los primeros en vivir en ciudades y fueron los primeros en vivir en la ciudad-estado como unidad política. Es difícil imaginar cómo sería nuestro mundo si no hubiera sido por los sumerios y todo lo que aportaron a la forma en que los seres humanos interactúan con su mundo.

21. ¿Cómo se extendieron los dioses y diosas mesopotámicos a otras regiones?

Mesopotamia era una región importante por varias razones. Además de ser la creadora de una serie de prácticas y tecnologías que se extendieron a otras zonas, Mesopotamia también estaba estratégicamente situada. Aquí radica uno de los grandes atractivos de la región, tanto para los reyes locales como para los conquistadores de fuera. Mesopotamia dividía la parte occidental de Oriente Próximo de Egipto y el mar Mediterráneo. Esto significaba que los invasores de Persia o Partia, por ejemplo, necesitaban atravesar esta región para llegar a sus probables destinos. Esto forma parte de la manera en que los dioses y diosas mesopotámicos se extendieron a otras regiones. El contacto de la Mesopotamia estratégicamente situada con regiones como Fenicia y Persia permitió que las ideas mesopotámicas se extendieran a estas zonas. Este contacto puede haber sido en forma de comercio o puede haber sido por conquista. Por ejemplo, los dioses mesopotámicos probablemente se extendieron a Persia después de que Babilonia y su imperio fueran conquistados por Persia. Al mismo tiempo, se sabe que dioses como la fenicia Ashtoreth (que estaba basada en Inanna/Ishtar) se extendieron a Grecia para convertirse en Afrodita a través del comercio.

22. ¿Qué era el hieros gamos y por qué era importante?

Hieros gamos es en realidad una palabra griega que se refiere a un matrimonio sagrado. Se trataba de un matrimonio en el que se combinaban los principios opuestos de lo masculino y lo femenino para dar lugar a la vida cósmica. Esta creencia es otro ejemplo de un principio cósmico sumerio, pero también subyace la unión de An y Ki para dar a luz a Enlil y posteriormente a la vida. El cuento de Enki y Ninhursag, que se relatará en breve, explica cómo Enki vive con su esposa en Dimun, que es un paraíso. Enki es el señor de Ab, que significa agua dulce, pero que también puede referirse al semen masculino.

La idea del matrimonio sagrado existe en realidad en otras culturas fuera de Mesopotamia. En el hinduismo, existía un ritual en el que se dedicaba a las niñas a un templo, lo que se percibía como una especie de matrimonio con el dios que implicaba danzas y otros rituales. Para los griegos, el matrimonio de Zeus y Hera era el más importante de los matrimonios sagrados, y se representaba en las ceremonias, especialmente en la isla de Samos, donde se decía que se celebraba el matrimonio. En Sumeria, era importante que los reyes contrajeran un matrimonio sagrado con la sacerdotisa de Inanna, que representaba la unión de la que surgiría la vida y el bienestar del pueblo en la ciudad-estado.

23. ¿Qué era el Atra-Hasis en el mito sumerio?

Atrahasis, o la Epopeya de Atrahasis, es el relato más completo del Gran Diluvio en la literatura mesopotámica. El relato fue adaptado como parte de la Epopeya de Gilgamesh, aunque algunos de los nombres de los personajes fueron alterados. El Atrahasis (también Atra-Hasis) fue escrito durante el periodo acadio. Recordemos que los acadios eran el pueblo que habitaba al norte inmediato de los sumerios propiamente dichos. Durante el período acadio, que comenzó con el rey Sargón, los acadios y los sumerios se unificaron en un solo estado conocido como el Imperio Acadio.

La Epopeya de Atrahasis fue escrita hacia el año 1800 a.C. Se escribió en lengua semítica acadia en tablillas de arcilla. El nombre indicaba que el contenido de las tablillas contenía una gran sabiduría. El contenido incluía una historia de la creación sumeria, así como la historia del Gran Diluvio. Atrahasis no era sólo el nombre de esta obra. El nombre también aparece en la Lista de Reyes Sumerios, lo que significa que indica un rey de una ciudad-estado sumeria; en este caso, la ciudad de Shuruppak. Este rey vivió en tiempos antediluvianos. El Atrahasis comienza con acontecimientos anteriores al Diluvio.

24. ¿Quiénes eran los siete grandes dioses de Sumer?

Los Siete Grandes Dioses de Sumer se contaban como An, Enlil, Enki, Utu, Inanna (o Ishtar), Ninhursag y Nanna. Aunque a veces se utiliza como término sinónimo de Annunaki, Igigi en la Epopeya de Atrahasis se refería a los dioses menores que eran servidores de los Siete Grandes Dioses.

25. ¿Quién fue el mayor héroe sumerio?

El mayor héroe sumerio fue sin duda Gilgamesh. Como muchos de los héroes griegos, como Teseo, Gilgamesh fue una persona real que reinó como rey de una ciudad-estado sumeria. Al igual que Teseo, el sumerio adquirió el estatus de semidiós con el paso de los siglos. Gilgamesh era el gobernante de la ciudad de Uruk, una de las más importantes de Sumer. Gilgamesh fue el héroe de la Epopeya de Gilgamesh, que en realidad era una serie de poemas. Estos poemas fueron escritos en diferentes fechas, y algunos se encuentran en mejor estado de conservación que otros. Se cree que el primero de estos poemas fue Gilgamesh, Enkidu y el mundo de las tinieblas. Este es el poema en el que Gilgamesh hace correr a las criaturas que rodean el árbol huluppu de Inanna. Tras la muerte de Enkidu, Gilgamesh se entera de las condiciones del "mundo de los infiernos".

La Epopeya de Gilgamesh se compone de varios poemas sobre la vida de Gilgamesh. La epopeya formal fue escrita por un escriba llamado Sin-leqi-unninni alrededor del año 1600 a.C., pero se basó en los poemas épicos que se habían escrito antes. El Gilgamesh de la epopeya era un semidiós que tenía relaciones con Inanna (conocida en la época en que se escribió la epopeya como Ishtar). El verdadero Gilgamesh fue un rey que vivió entre el 2900 y el 2300 antes de Cristo. Esto lo situaría justo antes de la fundación del imperio acadio por el rey Sargón. Aunque no existen restos del reinado de Gilgamesh, un monumento del reinado del rey Ishbi-Erra de Sumer atribuye a Gilgamesh la construcción de las murallas de la ciudad de Uruk. Ishbi-Erra reinó hacia el año 1900 a.C.

Conclusión

La mitología sumeria ha estado rodeada de misterio durante miles de años. De hecho, hasta los siglos XVIII y XIX no se sabía casi nada de los dioses y diosas del panteón sumerio. Menos aún se sabía de sus héroes. Los relatos de la primera civilización verdadera del mundo están siendo expuestos a la luz del día, embelesando a hombres y mujeres de todo el mundo. Las historias de Enkidu, Nanna, Enlil, Ereshkigal y Gilgamesh están encontrando nuevas audiencias, hombres y mujeres curiosos por conocer una sociedad muy diferente a la nuestra. La mitología sumeria era tan poderosa que algunos de sus dioses se abrieron paso en diferentes culturas, siendo el ejemplo más famoso el de Afrodita, que comenzó su andadura como Inanna. En *Mitología sumeria: Una Guía Profunda de la historia de los sumerios y el imperio mesopotámico y sus mitos*, conociste los relatos de dioses y grandes hombres. Estos son los cuentos que forman el canon de la religión sumeria. La civilización sumeria ha contribuido de forma encubierta a la forma en que vivimos hoy en día. La mayoría de nosotros no somos conscientes de ello. La forma en que medimos el tiempo, observamos las estrellas e incluso plantamos y cultivamos tiene mucho que ver con los avances realizados por los sumerios hace más de seis mil años. Además, héroes como Gilgamesh han ayudado a definir lo que significa ser un héroe en el mundo actual.

Estos héroes eran hombres que se convirtieron en dioses, ganándose su lugar en las estrellas en más de un sentido. Los sumerios utilizaban sus cuentos como instrucciones para los demás sobre cómo vivir e incluso para ayudarse a sí mismos a entender su propio lugar en el mundo. *Mitología sumeria: Una Guía Profunda de la historia de los sumerios y el imperio y los mitos de Mesopotamia* te enseñaron los relatos formativos de dioses y héroes para ayudarte a entender quiénes eran los sumerios y por qué eran importantes.

Mitología sumeria: Una Guía Profunda de la historia de los sumerios y el imperio y los mitos mesopotámicos explora los relatos de dioses y héroes. Estas historias de dioses y héroes eran muy significativas para el pueblo mesopotámico, y aprendiendo sobre ellas es como se llega a entender el tipo de mundo en el que vivían y cómo era diferente del nuestro. Era un mundo de pájaros con cara de león, dioses con alas de pájaro y diosas seductoras que se casaban simbólicamente con los reyes de las distintas ciudades-estado. Los sumerios contaban muchas historias de dioses como Utu, Nanna, An, Ashur e Inanna, historias que ayudaron a los imperios de Mesopotamia a perdurar durante casi 4000 años. De hecho, los viajeros europeos que visitaron Oriente Próximo en el siglo XVIII descubrieron que todavía había distritos en los que se seguía adorando en secreto a la diosa Inanna (que entonces tenía más de cinco mil años).

El mundo de los sumerios no era como el nuestro. Los habitantes del corazón de la civilización sumeria -que vivían en los actuales Irak, Kuwait, Siria y otros lugares- formaban parte de una cultura tan alejada de la forma en que pensamos y percibimos hoy en día que resulta casi irreconocible.

Mitología sumeria: Una Guía Profunda de la Historia de los Sumerios e Imperio y Mitos de Mesopotamia te ofrece la lente a través de la cual ver su mundo. Era un mundo de grandes imperios: el acadio, el hurrita, el asirio y el babilónico. Era un mundo de riqueza y belleza legendarias.

Comenzó su odisea con los sumerios conociendo su historia. Sumer destacó por ser la civilización más antigua conocida en el mundo, experimentando alturas vertiginosas más de mil años antes que Egipto. Construyeron zigurats que tocaban el cielo y jardines que se desbordaban en los canales que alimentaban sus tierras de cultivo. En muchos sentidos, Sumer era un paraíso. Pero, si sus dioses sirven de algo, no siempre fue un camino de rosas. En este capítulo, has aprendido cómo Sumer experimentó varios períodos dolorosos de unificación, el primero de los cuales comenzó con el Imperio Acadio. En esta época comenzó el largo proceso de sustitución del sumerio por el acadio como lengua local principal.

La sociedad sumeria era compleja, como todas las sociedades que caracterizan a las grandes civilizaciones. En el centro de la civilización estaba la ciudad-estado, y encima de ella estaban los reyes y los sacerdotes. Estos dos grupos participaban en una danza compleja, pero importante. Al igual que en Egipto, los gobernantes de Sumer comprendieron que un reinado estable requería que reconocieran y apoyaran la religión de forma real. Quizá por eso los reyes sumerios crearon tantas tablillas en las que se jactaban de haber construido tal o cual templo o de estar a favor de tal o cual diosa. Los reyes de las ciudades-estado sumerias, y también los posteriores gobernantes de los imperios, se casaban simbólicamente con diosas como Inanna. Si eso no le da una idea del papel que la religión desempeñaba en su sociedad, entonces nada lo hará. En el tercer capítulo, se presentaron algunos de los mitos formativos que ayudan a establecer el tono del mito sumerio. Los sumerios eran narradores. Les encantaba ensalzar la fuerza y las virtudes de este héroe o de aquel rey. Les encantaba cantar las alabanzas de esta ciudad o de aquel templo en particular. Eran poetas por naturaleza y el lenguaje poético caracteriza todos los relatos que contaban en sus mitos, aunque en esta obra hayamos conseguido destilarlo hasta los puntos más importantes. En este capítulo, aprendiste de los Nacimientos Cósmicos, la historia de Enlil y Ninlil, de Enki y Ninhursag, y otros cuentos.

En el capítulo cuatro, conocimos las hazañas de uno de los personajes más importantes del mito sumerio. Este personaje era Ninurta. Nos formamos una idea de Ninurta y del papel que él (y personajes como él) desempeñaba en la sociedad (y el mito) sumeria. Empezamos la aventura de Ninurta con la historia de Ninurta y Asag. Continuamos con la historia de Ninurta y la tortuga. Y concluimos con la historia de cómo Ninurta regresó a Nippur.

Los héroes desempeñan un papel importante en todas las mitologías. Dan al lector una idea del tipo de características que la gente de esa sociedad valora. Los héroes también sirven de modelo de cómo se espera que se comporte la gente. Hace dos mil años, los hombres y mujeres escuchaban historias sobre Spiderman, Batman y Superman, y se hacían una idea de cómo veíamos el mundo y nuestro lugar en él en la sociedad occidental. Del mismo modo, podemos leer historias de Enmerkar y Sargón y aprender cómo los sumerios enfocaban su mundo. Digamos que estos personajes eran muy diferentes de Spiderman y Batman.

Inanna era una de las divinidades más importantes del panteón sumerio. Es una diosa fácil de explorar porque había mucha información sobre ella. Y nos referimos tanto a información interesante como a información general. Inanna era la reina del cielo. Ayudó a hombres como Enmerkar, pero también se ensañó con héroes como Gilgamesh. Se convirtió en una de las principales deidades de Mesopotamia, lo que facilitó su exportación a Fenicia y otras zonas. A través de Fenicia, se convirtió en la diosa griega Afrodita. En el sexto capítulo, aprendimos mucho sobre Inanna, incluyendo sus hazañas en los cuentos de Inanna y (el Monte) Ebih, e Inanna y el Árbol Huluppu.

Nanna era otro dios muy importante. Este dios de la luna, en un momento dado, se convirtió en la deidad principal del panteón sumerio. Se decía que luchaba contra los demonios que intentaban robar la luz de la luna, y así se producían los eclipses lunares. Nanna tenía un papel importante en la fertilidad, lo que subyace al misterioso papel que la luna desempeñaba en los ritos de fertilidad y en el ciclo natural de la tierra. Aprendimos todo esto y mucho más sobre Nanna en el séptimo capítulo. Uno de los relatos explorados aquí fue el del viaje de Nanna para visitar a su padre Enlil en Nippur.

La Epopeya de Gilgamesh es una de las obras más importantes de la historia de la literatura universal. También es la obra más antigua que aún existe en forma casi completa, ya que fue escrita hace unos cuatro mil años. La Epopeya de Gilgamesh fue una obra compilada en torno al año 1800 a.C. que se basaba en poemas épicos muy anteriores sobre el héroe Gilgamesh. En esta epopeya había muchas historias importantes, la mayoría de las cuales se encapsulaban en estos poemas separados. La historia de Gilgamesh y el ogro Huwawa, la de Gilgamesh y Aga, y la del encuentro de Gilgamesh con el Noé de Sumer (Utnapishtum), todas ellas y otras más fueron exploradas en el octavo capítulo. Lugalbanda fue un importante rey y héroe del que se cuentan varias historias en el mito sumerio. En el noveno capítulo, conocimos historias más ligeras de Lugalbanda en la Cueva de la Montaña, y Lugalbanda y sus relaciones con el Pájaro Anzu: esa traviesa criatura que era mitad ave y mitad león. En el décimo capítulo, nos acercamos a la conclusión de nuestra odisea explorando el Imperio Acadio, el primer imperio de Mesopotamia y del mundo. Hemos conocido las numerosas e importantes tendencias que se produjeron en esta época y lo que significó para la historia y la religión sumerias. Para terminar, repasamos los dioses y héroes de Sumeria. Puede que el mundo sumerio estuviera muy alejado del nuestro en términos de tiempo, pero en cuanto a las cosas que nos hacen humanos, quizás no eran del todo diferentes a nosotros.

www.ingramcontent.com/pod-product-compliance
Lightning Source LLC
Chambersburg PA
CBHW071125130526
44590CB00056B/2118